쉽게 배우는 ————————

4차 산업혁명 시대의 최신 기술 트렌드

윤영진 | 표동진 | 황재진

박영사

서 문

4차 산업혁명이라는 단어가 하나의 유행처럼 각종 미디어나 사람들의 입에 오르내리고 있지만, 정작 그 기저에 깔려있는 기술에 대한 대중의 이해는 관련 기술의 발전 속도에 비해 뒤쳐져 있다. 가령 비트코인bitcoin이라는 가상화폐 cryptoccurency가 블록체인blockchain 기술의 전부라고 오해하기도 하고, 일상생활에서 클라우드 기반 또는 인공지능 기반의 IT 서비스나 솔루션을 매일 사용하고 있는 사람들도 정작 본인이 4차 산업혁명과는 전혀 무관한 삶을 살고 있다고 생각할 수 있다.

따라서 본서는 4차 산업관련 기술과 일반 대중의 인식 사이에 존재하는 간극을 메우는 것을 목표로 하고 집필되었다. 즉, 새로운 시대의 도래에 따른 전혀 다른 비즈니스 환경에서 새로운 비즈니스 모델의 개발 및 운영에 필수적으로 여겨지는 관련 주요 기술들에 대한 내용을 일반 대중의 눈높이에 맞추어서 소개하는 것을 목적으로 하고 있다. 본서는 일반인이 이해하기 어려운 기술적/공학적 내용들을 최소화하려고 노력하였다. 따라서 관련 기술의 전문적인 지식을 학습하고자 하는 독자들에게는 적합한 책이 아님을 미리 밝혀둔다.

본서의 1장은 관련 기술들의 구체적인 내용에 들어가기 앞서 4차 산업혁명 도래에 따른 비즈니스 환경의 전반적인 변화에 대해서 논의한다. 이후 사물 인터넷Internet of Things에 대한 소개를 시작으로 클라우드 컴퓨팅cloud computing, 인공지능 artificial intelligence 및 빅데이터big data, 블록체인blockchain, 그리고 가상/증강현실 Virtual / Augmented Reality에 이르기까지 4차 산업혁명 시대에 비즈니스 운영에 있어서 핵심적으로 사용될 기술들에 대한 배경, 기초 개념, 그리고 실제 비즈니스로 적용 사례를 담고 있고 있다. 이러한 구성은 독자들의 관련 기술들에 대한 개념부터 최신 트렌드에 대한 이해를 크게 증대시킬 것으로 기대한다.

앞으로 소개되는 기술들은 각 장에서 개별적으로 소개되고 있지만, 사실 실제 비즈니스 현장에 있어서는 서로 유기적으로 연결되어 적용되고 있다는 점을 간과해서는 안 된다. 오프라인상에서 데이터를 수집하는 과정에 사물 인터넷IoT이 그 역할을 담당하고 있고, 방대하게 수집된 데이터들의 저장/처리 및 인공지능을 이용한 빅데이터 분석은 클라우드 컴퓨팅 환경에서 이루어지고 있는 것이다. 그리고 블록체인, 인공지능, 가상/증강현실 또한 수집된 데이터를 활용하여 가치를 창출하는 과정에 활용되는 기술들이다. 즉, 데이터의 수집에서 처리, 분석 및 의사결정을 위한 통찰력은 얻는 일련의 과정은 상기한 기술들이 유기적으로 작동하는 환경 하에서 이루어지고 있는 것이다.[1] 또한 이런 일련의 과정들이 IT관련 비즈니스에만 적용 가능한 것이 아니라, 금융업, 헬스케어, 서비스업, 제조업[2] 기반의 비즈니스에서도 활용되고 있고, 더욱 다양하고 융합된 형태로 보급 및 확산될 것으로 예측된다. 따라서 본서는 인문사회계열의 배경을 가지고 있는 독자이든 이공계열의 배경을 가지고 있는 독자이든지 간에 누구에게나 유용한 정보를 제공해 줄 수 있을 것으로 기대되며, 4차 산업혁명 시대라는 패러다임 전환기를 살아가는 일반인들에게 짧은 시간 내에 관련 지식을 습득할 수 있는 기회를 제공할 것으로 기대한다.

2021년 2월

윤영진, 표동진, 황재진

······
1 블록체인은 온라인 네트워크상에서 여러 참여자 간의 거래 및 기타 정보가 생성되고 관리되는 방식에 근본적인 변화를 가져올 기술이라 할 수 있다.

2 제조업에서는 생산과정에서의 품질관리 측면에 데이터 분석의 중요성은 더욱 커지고 있다. 스마트 팩토리(Smart Factory)를 구축하여 사물 인터넷에서 집적되는 정보를 생산 효율성 향상 및 불량률 감소를 위한 실시간 분석에 사용할 수 있다.

차 례

01

4차 산업혁명과 비즈니스 혁명
Fourth industrial business revolution

◆ 4차 산업혁명과 비즈니스 혁명

이 책에서 다룬 신기술(사물 인터넷, 클라우드, 빅데이터, 인공지능, 블록체인, 그리고 가상/증강현실)이 가지는 가치를 이해하기 위해서는 우리 인류가 직면한 전반적인 산업구조의 변화, 그에 따른 새로운 비즈니스 환경에 대한 이해가 먼저 필요하다. '4차 산업혁명'이라고도 일컫는 글로벌 경제의 구조적인 변화는 IT기술과 이를 활용한 관련 비즈니스의 성장과 불가분의 관계라 볼 수 있다.

과거 자본주의가 태동하던 18세기 중반 영국에서 시작된 '1차 산업혁명' 과정에서 기술의 혁신과 새로운 제조 공정manufacturing process이 기업의 생산과정에 도입됨에 따라 인류 진보의 신호탄이 쏘아 올려진 것으로 봐도 무방하다. 이후 내연기관의 발명과 주요 굴뚝 산업(철강, 석유 및 전기)의 성장을 이끌어낸 2차 산업혁명, 그리고 개인용 컴퓨터PC와 인터넷의 보급 및 정보통신기술ICT의 비약적인 발전으로 특징지어질 수 있는 '3차 산업혁명'을 거치면서 인류는 진보를 거듭해 왔다. 인터넷과 스마트폰을 태어나면서부터 보고 자란 세대에게는 이런 기술들이 당연한 것으로 여겨질지 모르지만, 그것들이 태동되기 위해서 몇세기의 걸쳐 발전한 수많은 기술 그리고 사회의 변화가 있었다.[1]

일련의 산업혁명 과정을 거쳐 우리는 현재 '4차 산업혁명' 시대에 접어들고 있고, 언론이나 매스컴에서 가장 많이 언급되는 키워드 중의 하나로 자리매김하

•••••
1   필자들이 대학을 다닌 시절(2000년 초중반)만 해도 대학교에 인터넷 접근이 가능한 공용 컴퓨터의 수가 지극히 제한되어 있었다.

고 있지만, 4차 산업혁명은 과연 무엇인가라는 질문에 대한 대답은 쉽사리 찾기 어렵다.

먼저 4차 산업혁명에 대한 일반적인 정의를 살펴보면 다음과 같다

- 물리적, 생물학적, 디지털적 세계를 빅데이터에 입각해서 통합시키고, 경제 및 산업 등 모든 분야에 영향을 미치는 산업구조의 근본적인 변화[2]
- 인공지능, 빅데이터, 초연결 등으로 촉발되는 지능화 혁명, 그리고 그 이상[3]

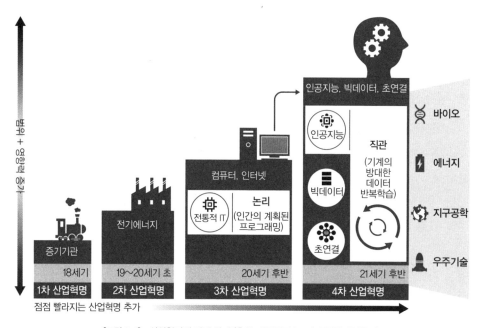

[그림 1-1] 산업혁명의 발전 단계 (출처: 대통령직속 4차 산업혁명위원회)

위 답변들이 4차 산업혁명에 대한 우리의 의구심에 명확한 답을 주는 것은 아니지만, 최소한 우리가 인지할 수 있는 4차 산업혁명의 주요한 특징은 결국 기존의 산업과 정보통신 기술ICT의 융합으로 이루어지는 차세대 산업혁명이라는 것이다. 물론 과거부터 기술 융합은 존재해 왔고 비즈니스에 활용되어 왔다. 다만 4차 산업 시대는 데이터가 생성, 수집, 가공 및 분석되는 방식에 근원적인 변화가 도래했다고 해석할 수 있다. 즉, 4차 산업혁명 이전 시대에는 데이터가 기업들이 다양한 비즈니스 아이디어를 구현하고 실행하는 데 있어서 보조적인 역할을 하는 데 그쳤다

2   Schwab, Klaus, 2016, "The Fourth Industrial Revolution," World Economic Forum

3   4차 산업혁명위원회

면, 데이터를 활용하여 새로운 가치를 창출하는 시대로 접어드는 것이다. 그리고 폭발적으로 증가하는 데이터를 기반으로 빅데이터 분석, 인공지능, 클라우드, 사물 인터넷, 블록체인, 가상/증강현실과 같은 신기술에 적용되면서 혁신이 일어나는 것이다. 이는 새로운 형태의 비즈니스, 즉 플랫폼 기반 비즈니스의 등장과 폭발적인 성장과도 연관이 있다.

최근 십여 년간 4차 산업혁명 시대의 핵심기술에 대한 이해를 바탕으로 변화하는 산업 지형을 정확하게 파악한, 즉 4차 산업혁명 시대를 철저히 준비했던 기업과 준비하지 못했던 기업의 명암은 극명하게 갈린다는 것을 우리는 쉽게 알 수 있다. 먼저 대표적인 예로, SK텔레콤의 메신저 서비스였던 네이트온Nate-On을 들 수 있다. 네이트온은 2000년대 중반 당시 PC 기반 메신저 시장을 장악하던 주요 플레이어였지만, 모바일 기반의 메신저 서비스 시장에 먼저 진입할 수 있는 기회를 놓쳐버렸다. 당시 앱 기반의 메신저 개발에 주저했던 이유는 문자서비스 이용 감소에 따른 수익 감소를 걱정해서였다고 하지만, 이에 대한 대가는 상당히 크다고 볼 수 있다. 즉, 앱 기반 메신저 시장을 선점할 수 있는 기회를 카카오톡KakaoTalk에 빼앗겨버린 것이다. 특히 이런 메신저 서비스의 경우 시장에 선도적으로 네트워크 효과 network effect[4]를 구축하여 사용자로 하여금 그 서비스에 락인lock-in[5]하게 만드는 것이 중요한데, 당시 네이트온은 인프라 및 기존 사용 고객이 많았음에도 불구하고 그 시장에 선제적으로 진입하지 않았다. 따라서 그 자리를 우리나라 국민 대다수가 사용하고 있는 카카오톡이 대신하였고, 다음카카오의 시가총액은 현재 약 36조에 달한다. 물론 카카오톡 메신저 서비스가 무료로 제공되고 있긴 하지만, 카카오가 구축한 거대한 플랫폼을 기반으로 한 새로운 비즈니스가 계속 개발되고 확장될 것이다. 결국 카카오가 메신저를 기반으로 구축한 플랫폼상에서 사용자가 생성하는 무수히 많은 종류의 데이터를 기반으로 새로운 가치를 창출하는 실험이 계속될 것으로 예상할 수 있다.

또 하나의 실패 사례는 LG전자의 스마트폰 시장의 뒤늦은 진출이라고 할 수

[4] 어떤 상품과 서비스를 사용하는 데서 얻는 만족이 다른 사람들이 해당 상품과 서비스를 얼마나 많이 사용하는 것에 의해 결정되는 현상을 지칭한다.

[5] lock-in effect: 자물쇠 효과라고 하는데 소비자가 일단 어떤 상품 또는 서비스를 이용하면 다른 곳으로 수요 이전이 어렵게 되는 현상을 말한다. 그래서 시장을 선점하고 고객을 자신들의 플랫폼으로 들어오게 하는 것이 중요하다.

있다. 2007년 미국의 애플Apple Inc.이 아이폰을 전 세계에 출시함으로써 모바일 시대로의 전환이 일어나고 있었음에도 불구하고 당시 LG전자는 스마트폰에 대한 개발 및 마케팅에 주력하기 보다는 고급 피쳐폰에 집중하고 있었다.[6] 당시 LG전자는 핵심 비즈니스 모형을 모바일 기반으로 빨리 전환할 수 있는 기술력 및 역량을 보유하고 있었지만, 전략적 선택의 실패로 현재의 스마트폰 시장에서의 시장점유률은 LG전자의 다른 사업부문에 비해 아주 낮고, 중국의 스마트폰 제조업체와 경쟁해야 하는 위치에 처해 있다. 이는 비즈니스 환경의 구조적 변화가 일어나는 그 당시에 스마트폰 시대의 도래를 예측하는 데 실패했다는 뜻이다. 그 결과 LG전자 모바일 사업부는 22분기째 적자를 이어가고 있다.

모바일 시대를 열었다고 볼 수 있는 애플Apple Inc.과 그리고 후발주자인 삼성전자의 경우 세계 스마트폰 시장을 양분하고 있는 두 기업이지만, 어떤 기업이 4차 산업혁명 시대에 더욱 더 부합하는 기업이라고 말할 수 있겠는가? 두 기업 모두 자기 브랜드의 스마트폰을 전 세계 시장에 공급한다는 공통점이 있지만, 두 기업에는 핵심적인 차이가 존재한다.

첫째, 애플은 스마트폰을 제조하는 물리적 생산시설을 가지고 있지 않지만, 삼성전자는 스마트폰을 직접 제조한다.[7]

두 번째, 아이폰의 운영체제는 자체 iOS에 의해 구동되고 앱스토어AppStore를 보유하고 있지만, 삼성은 구글의 안드로이드 운영체제를 사용한다.

여기서 두 번째 차이점이 상당히 중요한 포인트가 되는 것인데, 애플은 2008년 전 세계의 개발자가 활동할 수 있는 앱스토어AppStore를 개설하였다. 이는 중요한 의미를 가지는 것인데, 모바일 기반 앱서비스의 개발 및 보급 자체가 아이폰 및 애플의 기타 제품을 통해 이루어지게 만들었다는 사실이다. 이는 애플이 세상의 모든 앱을 직접 만들 필요 없이, 전 세계의 개발자들을 간접적으로 고용해서 서비스를 제공하게 해 주는, 즉 컴퓨터 제조업체 회사에서 데이터 기반의 플랫폼 비즈니스

......

6   물론 당시 이러한 비즈니스 전략을 고수하는 데 일조했던 사람들이 세계적인 컨설팅 회사인 맥킨지컨설팅 이었다는 후문도 있다. 하지만 LG전자는 이를 부인하고 있고, 당시 맥킨지는 스마트폰 사용체제(OS)에 대한 조언을 해주었다고 전해지기도 한다.

7   애플 관련 제품을 사용해 본 사람이라면 아이폰 뒷면에 'Designed in California'라는 문구를 발견할 수 있을 것이다. 즉, 애플제품 관련 소프트웨어적인 측면, 그리고 마케팅 측면에서 애플은 직접적으로 관련되어 있고, 나머지 생산은 다 위탁공정이라고 볼 수 있다.

회사로 전환을 시도했다는 점이다. 구글Google도 애플과 유사한 경로를 따라 안드로이드Android 운영체제를 보급시켰고, Google Play를 통해 전 세계 개발자들이 활동할 수 있는 무대를 열었다고 볼 수 있다.

[그림 1-2] 4차 산업혁명 시대 준비가 부족했던 기업: 네이트온, LG전자 스마트폰

이것이 삼성전자와 애플의 기업의 가장 큰 차이점이라고 할 수 있다.[8] 위 예에서 볼 수 있듯이 4차 산업혁명 시대의 가장 중요한 특징은 데이터를 기반으로 한 플랫폼 기업의 등장과 성장이다. 모바일 기기의 보급과 앱생태계라는 토대 위에서 공유경제sharing economy가 탄생하고, 새로운 금융서비스, 새로운 형태의 health care 서비스 등이 발달되는 것이다. 이러한 플랫폼을 기반으로 개발되고 제공되는 다양한 서비스를 사용하는 과정에서 사용자들이 생성하는 데이터를 바탕으로 또 다른 형태의 가치를 창출할 수 있는 확장성scalability을 가지고 있다는 것이 중요한 특징인 것이다.

데이터의 가치는 결국 플랫폼 비즈니스를 토대로 파생된 다양한 데이터를 수집, 가공, 분석하여 기존의 공급자들이 해결해 주지 못했던 영역의 서비스나 재화를 제공해 부가가치를 창출하는 데 있다. 이러한 데이터 기반 플랫폼 비즈니스의

••••••
8　보통 우리는 삼성전자를 IT기업으로 분류하고 있지만, 엄밀하게 말하면 IT제품을 생산하는 제조업체로 분류하는 것이 더 정확할 것이다.

성장은 현재 시장에서 평가하고 있는 기업의 가치에서도 명확히 드러난다. 표 1-2 는 시가총액market capitalization 기준 상위 10개 기업을 나타내고 있는데, 대다수가 온라인 플랫폼을 기반으로 한 기업이 차지하고 있다.

(2020.09.02 기준, 단위: 백만 달러)

No	기업명	시가총액	업종
1	Apple	$2,138,671	IT
2	Saudi Arabian Oil Co	$1,865,596	석유 생산
3	Microsoft	$1,733,078	IT
4	Amazon	$1,704,302	E-commerce
5	Alphabet(Google)	$1,116,804	IT
6	Facebook	$836,931	IT
7	Alibaba Group Holdings Ltd	$768,931	E-commerce
8	Tencent Holding Ltd.	$666,377	IT
9	Berkshire Hathaway	$524,099	금융투자
10	Visa	$459,527	금융업

[표 1-1] 글로벌 기업 시가총액 순위 (출처: Wright Investors' Service)

IT기술을 기반으로 한 플랫폼 비즈니스의 성장은 과거에 소수의 참여자에 의해서 지배되었던 시장의 형태가 누구나 참여가능한 시장의 형태로 구조를 바꾸어 놓았다. 가령 여러분들은 유튜브Youtube라는 플랫폼을 통해 미디어 콘텐츠의 소비자인 동시에 생산자로도 활동할 수 있는 것이다. 이런 플랫폼 기반 비즈니스에서 가장 중요한 것은 각기 다른 네트워크 또는 사용자 간의 연결성이 가치창출의 핵심적인 요소로 자리잡는다. 즉, 온라인 기반의 여러 네트워크상에서 생성되는 데이터가 새로운 비즈니스의 가치창출의 원재료가 되는 시대가 되었다는 의미이다. 전통적인 비즈니스 모델하에서는 재화와 서비스의 생산, 유통 및 소비과정 자체가 일방향으로 이루어지는 형태였다고 한다면, 지금은 소비자가 스스로 서비스를 개발 또는 데이터를 생성하여 이것이 다시 공급자에 투입되는 순환되는 구조를 가지고 있다. 즉, 기존의 모바일 기반의 네트워크를 기반으로 또 다른 가치 네트워크value network를 창출하는 방향으로 확장을 통해 부가가치를 창출하는 것이 4차 산업혁명 시대에서 활동하는 비즈니스의 중요한 역할이다. 경제학적 관점에서 보자면 경제 시스템 내의 거래비용transaction costs과 정보의 비대칭성information asymmetry을 감소시킴으로써 효율성을 향상시키는 방향으로 발전해 나갈 것으로 예상된다.

02

사물 인터넷
Internet of Things

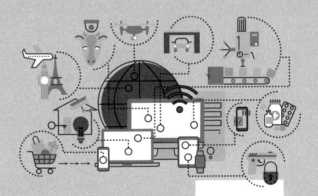

사물과 인터넷? 사물Things은 우리 주변에 있는 흔히 보는 물건들을 말하고 인터넷Internet은 가상세계를 연결해 주는 연결망 같은 것인데, 언뜻 보기에 공통점이라고는 찾을 수 없다. 하지만 전혀 어울리지 않을 듯한 두 개의 단어가 만나 사물인터넷이라는 하나의 기술을 만들었는데 이미 우리 삶 속에 널리 퍼져 있다고까지 한다. 그럼 사물 인터넷이란 무엇일까?

◆ 사물 인터넷?

사물 인터넷Internet of Things은 세상에 존재하는 물건들이 다양한 방식으로 서로 유무선 네트워크를 통해 연결되어 새로운 서비스를 제공하는 것을 말한다. 말 그대로 '사물Things'이 '연결된Internet', 즉 사물로 이뤄진 인터넷 또는 연결된 네트워크라고 이해하면 쉬울 것이다. 기존의 인터넷이 우리가 사용하는 컴퓨터 또는 스마트폰을 통해서 연결되어 구성했던 것과 달리 사물 인터넷은 말 그대로 주변에 있는 모든 사물들[9]이 네트워크에 연결되어 구성된 인터넷이라 할 수 있다.

◆ 사물 인터넷IoT에서 사물이란?

사물 인터넷에서 사물이란 일반적으로 우리가 알고 있는 물리적인 사물physical

•••••
9 예를 들어 자동차, 가방, 컵, 침대, 옷장 등 모든 사물이 대상으로 가능

things(우리 주변의 가구, 자동차, 도구 그리고 산업시설, 제조설비, 산업용 로봇, 제품 및 전기 장비 등 물건으로써 감지, 작동 및 연결될 수 있는 것)과 무형의 사물virtual things(멀티미디어 콘텐츠 그리고 소프트웨어 그리고 식당, 기차역, 버스정류장, 커피숍 등 공간 그리고 업무 및 결제 프로세스 등)까지도 그 대상에 포함된다.

다양한 형태의 개별 사물들을 연결하여 새로운 서비스를 제공하는 것을 의미한다. 예를 들어 내가 생활하는 공간과 집 안의 사물들이(전자제품, 가구, 전등 등) 사물 인터넷으로 연결될 수 있다. 사물에 부착된 센서를 통해 사람들의 움직임과 그 패턴을 분석해서 실내외 전등을 점멸하고 실내 온도를 조절하는 등 생활 공간이 하나의 유기체로 연결되어 데이터를 주고받으며 실시간으로 교류한다. 이러한 새로운 환경 속에서 사용자의 편의를 증진하는 새로운 형태의 서비스를 제공할 수 있는 것이다.

◆ **왜 사물 인터넷IoT인가?**

통계에 따르면 2020년 현재 세계 인구는 78억 명 정도가 된다고 한다.[10] 2003년부터 2020년까지 인구는 15억 명이 증가(63억 명에서 78억 명으로)하였는데 인터넷에 접속 가능한 장비(컴퓨터, 스마트폰, 스마트워치와 같은 웨어러블 장비 등)는 5억에서 500억 대로 증가하였다. 2003년에 인당 인터넷에 접속 가능한 장비의 수는 0.08대였는데 2020년 기준으로 평균적으로 인당 6.58대의 장비가 인터넷 네트워크와 접속하고 있는 것이다. 생각해 보면 2000년 초중반까지는 책상에 앉아 컴퓨터를 통해서만 인터넷에 접속이 가능하였는데 스마트폰 보급이 폭발적으로 늘어난 이후 지금은 스마트폰, 태블릿PC, 웨어러블 장비(스마트워치, 밴드, 구글글래스 장비들)를 통해서 언제 어디서든 인터넷에 접속가능하고 여러 장비들을 연결해서 사용하고 있다.

그리고 이제는 단순히 사람이 이용하는 장비뿐만 아니라 우리가 직접 이용하지 않는 기계나 장비들 자체적으로 네트워크 연결이 가능하여 데이터를 수집, 송수신을 통해 스스로 컨트롤하는 사례를 어렵지 않게 볼 수 있다.

• • • • •
10   https://www.worldometers.info/world-population/

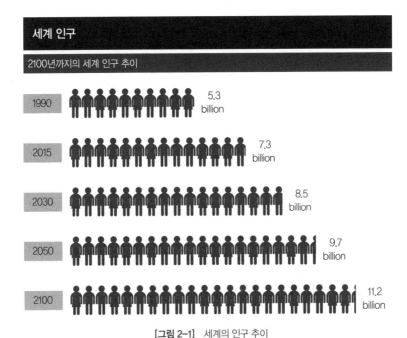

세계 인구

2100년까지의 세계 인구 추이

1990   5.3 billion

2015   7.3 billion

2030   8.5 billion

2050   9.7 billion

2100   11.2 billion

[그림 2-1] 세계의 인구 추이

이렇듯 이전에는 사람, 사물, 공간이 각자 따로 존재하고 움직이던 환경에서 이제는 모든 것이 연결되어 가는 세상으로 변화될 것이다.

◆ **사물 인터넷IoT이 바꾸는 세상은?**

▶ **사후 대응에서 데이터를 기반한 선제적 대응으로**

생산 시설 운영 및 시설 관리에 있어 가장 중요한 부분 중 하나는 바로 유지보수이다. 유지보수를 제대로 하지 않으면 중요한 기계가 고장으로 작동을 멈추게 되고 그로 인해 전 공정이 멈추게 되는 상황이 펼쳐질 수 있다. 그렇기 때문에 유지보수 관리 담당자는 매뉴얼에 따라 주기적으로 부품을 교체한다든지 안전 진단 등을 통해 발생한 위험 요소를 미연에 방지한다. 하지만 모든 공장은 다른 환경에서 운영되고 그로 인해 부품의 수명은 각기 다를 것이다. 상황에 따라 제품의 수명이 더길 수도 더 짧을 수도 있는 것이다. 그리고 모든 사고에는 사전 징후가 존재하는데 수많은 공정과 장비로 이루어진 공장 설비에서 모든 이상 징후를 인지하고 적절한 대응을 하는 것은 쉽지 않은 일이다. 만약 공장 및 생산 시설의 모든 장비에 센서가

13

부착되어 네트워크에 연결되어 있다면 어떠한 장점이 있을까? 우선 모든 장비에서 발생하는 데이터는 실시간으로 수집되고 이를 바탕으로 데이터 분석을 할 수 있다. 이를 통해 모니터링이 가능하며 실시간으로 이상 징후를 발견할 수 있다. 또한 문제가 발생한 이후 대응이 아닌 데이터 분석을 통한 사전 예측이 가능하며 개별 상황에 맞는 맞춤형 선제 대응을 할 수 있다.[11] 더불어 축적된 데이터를 이용한 지속적 업무 개선 활동continuous improvement과 시간&비용 측면에서 효율적인time & cost Effective 비즈니스 운영을 가능하게 한다.

▶ 산업 모델의 변화(소유에서 공유로)

전 세계적으로 공유경제가 유행하고 있는데 미국에서 대도시의 젊은이들은 차량을 구매하기 보다는 우버Uber 그리고 리프트Lyft 등의 서비스를 이용하여 이동하고 에어비엔비AirBnb를 이용해 집을 공유한다. 요즘 유동인구가 많은 도심지에 많은 전동공유 퀵보드를 볼 수 있다. 짧은 거리를 이동할 때 손쉽게 앱을 통해서 예약/결제 후 사용할 수 있다. 그리고 쏘카Socar 등의 서비스를 이용해 차량이 필요한 경우에는 공유 차량을 빌려서 사용하는데 사물 인터넷 기술이 이러한 공유경제를 가속화하는 핵심 기술이다.

이동 중인 공유차량 또는 전동퀵보드의 위치 정보, 운전자의 운전 패턴, 차량의 상태 등 모든 정보는 내장된 센서를 통해 수집된다. 그리고 그 정보는 인터넷을 통해 중앙 관리 시스템으로 보내지고 차량과 전동퀵보드의 위치 파악, 사용정보 데이터의 분석을 통해 장비의 상태 확인 및 고장 유무를 확인할 수 있다. 이용자의 이동 정보, 시간대별 고객 이용 패턴 분석, 고객별 사용 빈도 등을 분석하여 마케팅 및 프로모션 활동에도 적용할 수 있다. 이러한 공유경제 비즈니스를 운영할 수 있도록 하는 핵심기술 중 하나가 바로 사물 인터넷이다.

▶ 비즈니스 애널리틱스Business Analytics의 혁신

대다수의 조직에서는 중요한 의사결정 과정에서 데이터를 적극 활용한다. '비즈니스 인텔리전스Business Intelligence'는 과거 데이터 및 정형 데이터를 기반으로 기

-----

11 protection(보호 또는 방어)을 넘어선 선제적인 prevention(방지)이 가능하다. 사물 인터넷으로 수집된 데이터를 수집, 분석하여 예측(predictive)을 할 수 있는 기반을 제공한다.

존의 데이터를 분석하여 비즈니스 의사결정을 돕는 도구이다. '비즈니스 애널리틱스business analytics'는 과거뿐만 아니라 현재 실시간으로 발생하는 데이터에 대하여 연속적이고 반복적인 분석을 통해 미래를 예측하는 통찰력을 제공하는 데 활용하는 것이다. 일반적인 데이터를 활용하는 수준을 넘어 분석을 통하여 그 데이터 속에서 의미를 찾아내고 해석하여 중요한 의사결정에 활용하는 것이다.

business intelligence		data analytics
뒤를 돌아 보기	관점	앞을 내다 보기
"무슨 일이 일어났었는가?"	질문	"무슨 일이 일어날 것인가?"
모니터링 대시보드 KPI(Key Performance Indicator) 보고서	분석 방법	데이터 마이닝, 시뮬레이션, 정량적 분석 등
축적된 그리고 구조화된 데이터	분석 대상 데이터	실시간, 비구조화된 데이터

[표 2-1] business intelligence와 data analytics의 비교

예를 들어 과거에는 조직 내에서 생성되는 또는 내·외부에서 수집되는 데이터(매출/회계/재무/고객관련 데이터 등)를 활용하여 일정 기간의 축적된 데이터를 분석하는 수준이었다고 한다면 지금은 더욱 최신의 데이터를 실시간으로 수집하여 분석이 가능한 시대가 되었다. 이러한 혁신을 가능하게 한 기술 중 하나가 사물 인터넷IoT이다. 미국의 대표적인 자동차 보험회사인 가이코Geico/프로그레시브Progressive 등은 운전자의 리스크risk[12]를 더욱 정교하게 모델링하여 분석하는 데 그 기초 데이터를 사물 인터넷 기술을 이용하여 수집한다. 보험사는 보험가입자의 운전 습관 데이터를 수집하기 위해서 보험료 할인 프로그램을 적극 권장한다. 프로그램에 가입한 고객에게 조그마한 센서 장비를 보내주고 차량에 부착하고 데이터 수집을 위해서 센서 장비와 스마트폰에 특정 어플리케이션을 스마트폰에 설치하고 연결하도록 해서 일정 기간 유지하도록 한다. 그리고 보험사에서는 센서로 수집된 그리고 스마트폰으로 전송된 운전자의 운전 패턴과 이동 경로 등을 분석하여 개별 운전자의 위험도risk level를 통계적 기법을 통해서 산출하고 그 위험도에 따라 보험료를 산정한

12 운전자의 사는 지역, 나이, 소유차량, 운전 습관에 따라 개별 보험가입자의 리스크(risk)는 다를 것이다. 사고 위험이 높은 보험가입자에게 높은 보험료(premium)를 책정하는데 이러한 통계 분석을 위한 기초 데이터 수집에 사물 인터넷이 활용된다.

다.[13] 이렇듯 IoT 기술은 데이터 분석을 통해 미래를 예측하는 서비스를 제공하는 기반을 제공하고 이를 바탕으로 더욱 정교한 리스크 모델링 분석과 마케팅 전략 수립 등 비즈니스 의사결정 수단으로 적극적으로 활용하고 있다.

[그림 2-2]   프로그래시브(progressive) 스냅샷(snapshot) 프로그램[14]

[그림 2-3]   가이코(Geico) 드라이브 이지(DriveEasy) 프로그램[15]

......
13   이 프로그램을 통해서 많은 가입자가 보험 할인 혜택을 보는데 경우에 따라 보험료가 올라갈 수도 있다.

14   https://www.progressive.com/auto/discounts/snapshot/

15   https://www.geico.com/driveeasy/

이 외에도 사물 인터넷 기술을 활용하여 과거에 존재하지 않던 시장을 만들 수도 있고 신규 사업을 출시하여 새로운 비즈니스로 통해 수익 창출도 가능하다.

◆ 사물 인터넷의 특징과 사물 인터넷이 만든 변화

사물 인터넷의 주요 특징과 사물 인터넷으로 인한 주된 변화에 대해서 알아보도록 하자.

ubiquitous connectivity 사물 인터넷은 사물 간의 지속적인 접속을 통해서 위치에 구애받지 않고 네트워크에 접속하여 데이터를 쌍방향으로 주고받는다. 예를 들어 우리가 사용하는 스마트워치(애플워치 또는 갤럭시 워치)와 같은 웨어러블 장비는 지속적으로 네트워크에 접속하여 사용자의 이동 정보, 행동 패턴, 건강 정보 등을 실시간으로 데이터를 주고받는다. 자율주행차 또한 위치 정보 등을 위성을 통한 또는 고속 이동통신망을 통해서 쌍방향으로 데이터를 전송함으로써 구현이 가능하다.

widespread adoption of IP 인터넷에 접속하기 위해서는 고유의 주소인 IP^Internet Protocol^을 가지고 있다. 우리가 사는 집에 부여되는 주소가 중복됨 없이 고유의 값을 가지듯이 네트워크에 접속하고자 하는 모든 장비(사물)는 고유한 주소를 가지고 있다.[16] 이 주소 체계를 바로 IP^Internet Protocol^가 하게 된다. 사물 인터넷이 보급되기 전에는 네트워크에 접속하는 장비라고 했을 때 개인이나 회사에서 사용하는 PC 또는 전용 단말기가 대부분이었으나 스마트폰 보급, 웨어러블 장비 그리고 사물 인터넷 센서가 부착된 장비들이 네트워크에 접속하기 시작하면서 개별 장비에 부여 되여야 하는 IP 주소의 숫자는 기하급수로 늘게 되었다. 하지만 급격한 IP 보급으로 인해 기존에 사용되던 IP 표준인 IPv4로는 주소의 부족현상이 일어나게 될 것을 예상하여 더욱 많은 IP주소가 가능한 체계인 IPv6 체계로 이러한 문제를 해결할 수 있었다.[17]

• • • • •

16 IP라는 주소를 사물에 부여하고 고유의 주소를 가지게 해서 사물 간의 네트워크를 형성하고 사물끼리의 정보를 교류할 수 있도록 한다.

17 IPv4는 약 43억 개(2의 32제곱)의 인터넷주소를 만들어 낼 수 있다. 하지만 IPv6는 2의 128제곱(43억 × 43억 × 43억 × 43억)개의 주소를 생성할 수 있어 급격한 수요 증가로 인한 IP주소의 부족을 해결할 수 있다.

Computing Economics　사물 인터넷이 보급됨에 따라 생산되는 데이터의 양이 폭발적으로 늘어나게 되었다. 또한 생성된 데이터는 지속적으로 네트워크를 통해서 전송되어 축적되게 된다. 이러한 데이터는 수집 · 저장 · 보관을 위한 확장성 그리고 유지보수가 뛰어난 클라우드cloud**18**로 저장이 되는데 이로 인해 사물 인터넷은 클라우드의 보급을 촉진하는 역할을 하게 된다. 이렇게 축적된 데이터는 빅데이터 분석의 소재로 활용되는데 수집이 용이하여 분석에 이미 많이 활용되고 있는 데이터(재무, 회계, 매출 등)뿐만 아니라 우리 주변의 모든 분야의 활동을 데이터화하여 (위치데이터, 행동패턴, 물류, 생물학/동물관련 연구) 빅데이터 분석 활용의 보급을 활성화 시킨다. 예를 들어 사물 인터넷 센서로 개인의 이동정보, 라이프스타일, 건강 정보 그리고 산업시설의 경우 장비의 상태 정보 등이 수집되어 클라우드 데이터 베이스에 보관되고 이렇게 축적된 데이터를 분석하여 비즈니스, 학계, 의료 등 다양한 분야에 활용 가능하다. 이러한 배경에는 사물 인터넷으로 수집된 데이터라는 재료가 바탕이 되는 것이고 축적된 규모가 커지면서 자연스럽게 진화한 것이라고 할 수 있다.[19]

◆ **사물 인터넷**IoT **비즈니스 적용 및 활용 사례**

▶ **스마트홈**smart home

　1990년대 그리고 2000년대 초 미래의 가정집의 모습을 콘셉트로 가전제품을 홍보하는 광고가 많았었다. 귀가 전에 전화를 걸어 집안의 온도를 조절하고 시간에 맞춰 조리 기구들이 작동하면서 요리를 하고 가전제품 들이 사용자가 원하는 대로 미리 조절 작동하는 등의 미래의 가정의 모습을 영상으로 보여 주는 것이 광고의 주 콘셉트였다. 이러한 광고를 통해 제품 및 브랜드의 이미지를 고객에게 전달하고자 하였는데 이러한 것이 바로 현재 보급 중인 스마트홈의 모습이다. 스마트홈이란 가전제품을 비롯한 집 안의 모든 장치를 연결해 제어하는 기술로 우리가 사용하

- - - - -
18　직접 구축한 IT 인프라를 이용하지 않고 외부에서 제공하는 서비스를 이용하는 방식

19　이 책에서 다뤄지는 사물 인터넷, 빅데이터, 클라우드, 인공지능, 가상/증강현실, 블록체인은 모두 융합이 가능한 분야이며 융합을 통해서 시너지를 만들어 낼 수 있다. 그중 사물 인터넷은 가치 창출을 위한 가장 바탕인 데이터를 수집하는 데 큰 기여를 하는 기술이다.

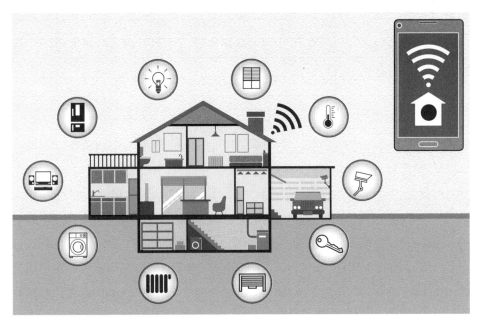

[그림 2-4] 스마트홈

고 있는 주변의 모든 제품 예를 들어 가정의 TV, 청소기, 가습기, 에어컨, 냉장고 등 그리고 집 안의 여러 전기, 수도, 냉방과 난방 등 에너지 관련 장치 그리고 집 내외의 출입 제어를 위한 CCTV, 잠금장치, 보안장치 등을 네트워크에 연결하고 원격으로 제어하고 데이터를 모니터링 하는 기술을 말한다. 스마트홈 사용자는 외부에서도 스마트폰 또는 다른 장비를 통해서 집 안 내부를 CCTV로 확인하거나 센서가 부착되어 있는 장비를 네트워크로 연결시키고 모든 관련 데이터를 모니터링하면서 작동을 원격제어할 수 있다. 그리고 집 안 내부에서는 인공지능 스피커를 통해서 음성으로 집 내부의 모든 사물 인터넷 장비를 컨트롤할 수 있다. 삼성과 LG와 같은 글로벌 가전 전문 기업은 이미 자사가 생산하는 모든 냉장고, 공기청정기, TV, 음향장비, 에어컨, 청소기, 스마트 스피커 등 제품을 네트워크를 연결할 수 있는 스마트홈 시스템을 구축하였다. 대륙의 실수라는 별명을 가진 샤오미Xiaomi는 가성비 높은 제품을 만드는 것으로 유명한데 이 회사에서 나오는 제품인 스마트웹캠, 공기청정기, 스마트 전등 등의 제품을 사용하기 위해서는 샤오미가 만든 어플리케이션을 설치하여 샤오미가 구축한 스마트홈 네트워크에 들어오도록 한다. 이것은 샤오미의 전략이 제품을 판매하여 수익을 올리는 것이 아니라 플랫폼platform, 즉 자사의 제품을 네트워크로 연결하여 여기에서 수집된 데이터를 축적하는 것이 궁극적인 목표라는 것을 보여 준다. 이렇듯 이러한 스마트홈을 구축하는 데 사물 인터넷이 이용되고 있으며 이를 통해서 데이터를 수집/분석하여 사용자에게 더욱 맞춤형 서비스를 제공할 수 있다.

▶ 스마트그리드smart grid

스마트 그리드Smart Grid는 똑똑함을 뜻하는 스마트Smart와 전력망을 의미하는 그리드Grid가 합쳐진 단어이다. 차세대 전력망, 지능형 전력망으로 불린다. 기존의 전력망은 전기의 생산 방식과 배전 등 여러 가지 제약 요인과 한계로 인하여 비효율적인 구조였다. 대부분의 재화는 생산을 수요에 따라 조절하고 재고 관리를 통해서 제품의 공급을 효율화하는 데 비해 전기는 소수의 생산자가 대규모 발전을 하는 공급자 위주의 생산이다. 또한 전기의 특성상 수요가 생산을 초과하는 경우 예를 들어 여름에 폭염으로 전력 수요량이 생산량을 넘는 경우는 대규모의 정전 사태가 벌어질 수 있기 때문에 기존 전력망은 최대 수요량에 맞춰 예비율을 두고 일반적으로 예상 수요보다 15% 정도 많이 생산한다.[20] 하지만 수요 예측을 잘못하면 생산된 전기를 소비하지 못하게 되고 생산한 전기를 바로 버려야 하는 상황도 생긴다.

스마트 그리드는 이러한 비효율을 제거하고 에너지 이용 효율을 높이는 것을 목표로 하며, IT기술을 이용해 전력망의 효율을 극대화해서 사용하는 데 사물 인터넷이 활용된다. 가구/건물에 전력사용량을 측정하던 기존 미터기를 대신해서 사물 인터넷 센서가 탑재된 스마트 미터와 같은 디지털 계량기를 이용하면 실시간으로 전기를 생산하는 전력회사와 양방향으로 통신하면서 전력 사용량을 집계할 수 있다. 이렇게 스마트 미터기를 통해 수집된 실시간 데이터(전력 사용량)와 여러 외부 데이터(날씨, 산업 수요 등)를 종합적으로 분석해서 실제 수요에 가까운 데이터를 예측할 수 있는 것이다. 또한 이러한 데이터 분석을 통해서 사용자 에너지 분석 패턴 등을 알 수 있고 과금제 개선 그리고 에너지 절약 정책 및 마케팅 전략 수립 등에 활용할 수 있을 것이다. 전기회사의 입장에서도 스마트 미터와 같은 사물 인터넷 기술을 활용하면 검침작업 등이 필요 없어지고 에너지 생산 효율화해서 생산 비용 절감과 환경 보호 등의 효과를 얻을 수 있다.

· · · · ·
20 전력 최대소비량에 맞춰 생산을 하고 비상시를 대비하여 여분의 전력량을 확보하기 위함이다. 하지만 이를 위해 잉여 설비, 추가 연료 사용, 생산 전기의 폐기 등 비효율이 존재하고 불필요한 에너지 사용으로 환경에도 악영향을 준다.

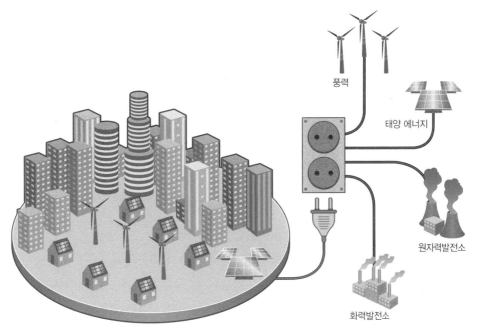

[그림 2-5] 스마트 그리드

풍력

태양 에너지

원자력발전소

화력발전소

▶ 스마트 헬스케어smart health care

스마트 헬스케어는 건강관련 서비스와 최신 IT기술을 융합한 의료 서비스로 의료와 건강과 관련한 종합적인 플랫폼을 제공한다. 예를 들어 스마트폰, 웨어러블 스마트 와치 등을 통해서 개인의 건강 정보를 수집하여 클라우드로 전송하고 병원에서 관리하는 정보시스템에서 보유 중인 기존 건강검진 정보, 진료기록, 약물 투여 내역 등을 종합적으로 분석하여 개인 맞춤형 건강정보를 제공한다든지 또는 관련 의료서비스를 제공하는 방식으로 운영된다.

지금까지의 의료 관련, 헬스케어 서비스는 서비스 공급자 중심으로 움직이는 것이 특징이었다. 예를 들어 의료 서비스의 고객 또는 이용자보다는 서비스를 제공하는 공급자, 즉 의사, 의료기관, 관련 회사 등이 중심이었고 정작 서비스를 이용하는 이용자에게는 접근이 어려운 분야였다. 특히 정보 접근 부분에 있어서 그 공급자와 이용자 사이의 비대칭 정도가 심하였는데 정보를 생산하는 주체이자 정보의 소유권을 가져야 하는 환자 등에게 정보가 접근이 어렵고 정작 필요한 순간 공유가 적절하게 이뤄지지 않는 비효율이 존재하였다. 의료기관 간에는 정보 공유가 여러 가지 이유로 쉽지 않고 이로 인해 타 분야에 비해 데이터를 활용하여 부가가치가 낮은 분야였다. 사물 인터넷IoT을 응용하면 실시간으로 개인의 행동 패턴, 식습관 정보, 심박수, 혈당, 혈압 등 건강 정보를 실시간으로 수집과 공유가 가능하고 과거 병력과 건강 이력 정보 등을 바탕으로 현재의 사후 대응적 조치에서 예측predictive 그리고 예방preventive 방향으로 의료 서비스의 방향을 변화시킬 수 있다. 또한 의료 서비스의 이용자는 수동적으로 서비스를 이용하기만 하는 주체가 아니라 스스로 서비스 품질을 높이기 위해 적극적으로 참여할 수 있게 되었다. 환자 본인이 제공하는 상세 데이터를 바탕으로 그리고 환자 개개인의 차이 그리고 특성을 반영한 맞춤customized/personalized형 의학 그리고 환자가 적극적으로 참여하는participatory 의학과 같은 새로운 형태의 의학으로 진화하는 데 기여할 것이다.

이러한 패러다임의 변화에는 사물 인터넷IoT을 통한 데이터 수집, 그리고 클라우드, 빅데이터 등의 기술을 통해서 구현이 가능하다. 특히 분석에 필요한 기초 자료인 데이터를 수집, 전송, 분석하는 데 사물 인터넷 기술이 핵심적인 역할을 할 것이다.

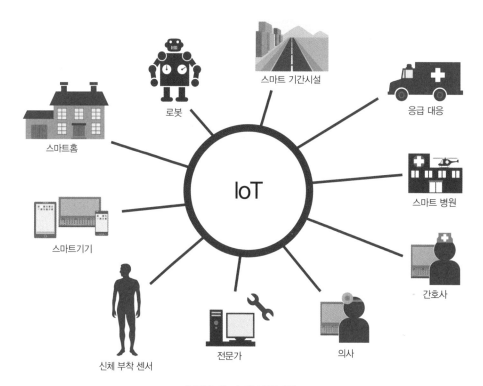

[그림 2-6] 스마트 헬스케어

▶ **스마트 쇼핑**smart shopping

　사물 인터넷IoT 기술은 소비자 경험과 공급자의 운영의 측면에서 전통적인 쇼핑 비즈니스 모델 자체를 바꿀 수 있다. 유통업을 운영하는 주체는 상품의 위치, 재고의 수량 등을 사물 인터넷 센서를 통해서 실시간으로 확인할 수 있다. 이를 통해 정확한 위치 추적, 입고, 출고 등의 재고 관리의 정확성을 높일 수가 있어 관리, 운영에 효율성을 높일 수 있다. 매장 운영의 관점에서는 물품 구매를 위해서 매장을 방문하는 고객을 입구에서 센서로 인지하고 과거 구매 내력 그리고 구매 금액 등을 통해서 수익성 높은 충성 고객인지 등을 사전에 분류 및 파악할 수 있다. 이렇게 실시간으로 확인된 고객의 분류 그리고 구매 성향 등을 통해서 맞춤 프로모션 또는 응대가 가능하다. 기존에는 고객 만족도 또는 요구사항을 파악하기 위해서 비용을 지출하여 설문 조사 형식의 자료 수집 활동을 하였다. 스마트 스토어에서는 고객의 이동경로, 활동 동선, 특정 지역에 머무는 패턴 등을 카메라 등을 이용해 추적해서 데이터를 수집하여 분석을 하고 이렇게 분석된 결과는 실시간으로 매장의 직원에게 진송된다. 필요시 고객 서비스를 제공하기나 또는 프로모션 등 정보를 고객의 스마트폰으로 전송하여 구매를 촉진할 수 있을 것이다. 또한 매장 방문객 수와 수요 등을 수집하여 실시간 모니터링하고 이를 분석하여 매장 레이아웃 재구성, 상품 재배치 등 매장의 환경을 고객의 변화하는 기호에 맞춰 조정함으로써 고객에서 높은 수준의 쇼핑 경험을 제공할 수 있을 것이다.

　사물 인터넷이 쇼핑환경에 적용됨에 따라 고객의 입장에서는 고객별 맞춤 서비스를 제공받을 수 있다. 예를 들어 개별 고객이 매장에 들어서면 센서를 통해서 시스템이 고객을 인식하고 고객이 입은 옷의 태그, 스타일, 색 등의 고객 취향 정보와 현재 온도, 최근 날씨, 유행 정보 등을 조합하여 고객이 지나가는 동선에 위치한 디스플레이 스크린에 맞춤형 추천 상품과 할인 행사 등의 정보를 지속적으로 노출하여 구매를 유도할 수 있다. 구매 상품을 결제할 때 미리 등록한 신용카드 정보나 또는 신용카드 칩을 통해서 줄을 서서 점원에서 결제를 할 필요없이 상점을 나가는 동안 입구에 위치한 스캐너를 통해서 자동결제를 하는 방식으로 직원의 도움 없는 무인 상점이 가능하다. 또한 고객들은 실시간으로 집계되고 있는 상품 재고 정보를 미리 정확하게 파악하고 물건이 매장에 위치하고 있는지 자신의 스마트폰으로 정확하게 파악할 수 있다.

　글로벌 온라인 마켓인 아마존이 최초로 출시한 오프라인 매장인 아마존고 AmazonGo가 대표적인 예이다. 아마존고에는 우선 매장에 직원이 없고 모든 상품은 고객이 방문하여 상품을 선택하고 매장을 나가기만 하면 자동으로 결제되는 시스템으로 완벽한 무인 매장을 지향한다. 인공지능, 머신러닝, 컴퓨터 비전, 빅데이터 분석 등의 첨단기술이 적용되고 있는데 그중에서 사물 인터넷IoT이 핵심 기술에 해당한다. 이용자는 매장을 방문하여 상품을 구매하기만 하면 개별 고객이 등록한 신용카드로 비용이 청구된다.

[그림 2-7] 아마존 Go (출처: 크리에이티브 커먼즈)

◆ 사물 인터넷과 기술 융합 그리고 가치 창출

사물 인터넷Internet of Things은 그 자체로도 의미가 있지만 다른 기술과 융합되었을 때 그 가치를 극대화할 수 있는 기술이다. 사물 인터넷은 사물에 부착된 센서를 통해 사물에서 생산된 데이터를 수집하는 것이 핵심이다. 그렇기 때문에 사물 인터넷으로 수집된 데이터를 효과적으로 저장, 관리가 필요하며 이를 분석하여 가치를 창출하는 것이 사물 인터넷의 목적을 달성할 수 있다. 사물 인터넷으로 수집된 데이터의 가치를 극대화하기 위해서는 데이터 저장은 클라우드 기술을 그리고 분석은 빅데이터[21]기술이 필요하다.

수많은 장비 및 기기에서 생산된 데이터를 손쉽게 그리고 효율적으로 저장하여야 하는데 사물이 네트워크에 접속하여 데이터를 생산하기 시작한 시점부터 데이터의 양은 일반 개인 그리고 회사 등의 조직 내에서 직접 감당하기 어려운 수준으로 증가하였다. 이미 개인이 사용하는 전자기기 그리고 가정의 가전제품, 자동차 등 사물에서뿐만 아니라 사무실 또는 상품을 판매하는 매장에서도 센서가 부착된 제품을 통해서 데이터를 생산하고 있으며 공장의 생산 시설을 포함하여 상상하기 힘든 양의 데이터가 생산 중이다. 이러한 데이터를 실시간으로 분석, 저장하고 분석, 재가공을 통해 개인 또는 산업현장에서 활용하는 과정에서 바로 '가치'가 창출되는 것이다. 이러한 부가가치 생산 과정의 전체 사이클에 '사물 인터넷', '클라우드', '빅데이터' 기술이 융합되어 활용될 수 있는 것이다. 한 단계 더 나아가 사물 인터넷으로 수집된 데이터를 인공지능artificial intelligence의 학습에 필요한 재료로 제공할 수도 있으며, 블록체인, 가상/증강현실, 로봇자동화 등 다른 기술들과도 융합할 수 있는 가능성을 가지고 있다.

사물 인터넷이라는 기술을 통해서 수집하고 저장할 수 있는 데이터는 무한대로 증가하지만 단순히 기기의 센서를 통해서 데이터를 수집하는 데만 집중한다든지 또는 사물들 간의 연결에만 집중하는 것은 사물 인터넷을 통해서 얻을 수 있는 핵심 가치에서 벗어난 것이다. 이를 통해 수집된 데이터를 어떻게 활용하는지가 바로 핵심이며 데이터를 통해서 얻은 통찰력 또는 데이터를 가공해서 새로운 가치를 사용자에게 제공할 수 있냐가 바로 사물 인터넷이라는 기술이 우리에게 줄 수 있는 궁극적인 핵심 가치이다. 이를 통해서 사람들이 원하는 바를 이해하고 파악하여 수집하여 쌓인 데이터로부터 새로운 비즈니스 기회를 찾고 적합한 모델을 발굴해야 한다. 예를 들어 스마트홈 구축 이후에 사물 인터넷을 통해 방대한 양의 데이터를 수집할 수 있는데 수집된 데이터를 분석하여 고객의 행동 패턴, 요구 사항 파악을 통해 개인 맞춤형 서비스라는 새로운 신규 서비스 모델을 개발하고 제공할 수 있을 것이다. 또한 헬스케어 분야에 사물 인터넷 센서로 수집된 개인 건강 정보 또는 이동정보, 식습관 정보 등을 인공지능 또는 머신러닝 기술을 이용해 분석 및 가공하여 개인별 맞춤 건강 비서 서비스 등을 제공할 수 있다. 이런 과정을 통하여 스마트

- - - - -
21 데이터의 수집, 가공, 저장, 분석 등 데이터의 시작부터 사용의 마지막까지 이르는 일련의 과정을 말한다.

홈/헬스케어 분야에서 사물 인터넷의 활용도를 높일 수 있다.

◆ 사물 인터넷과 관련하여 고려사항 및 생각해 볼 문제

사물 인터넷을 사회 전반 그리고 모든 조직에 있어 그 보급이 빠르게 이뤄지기 위해서 고려해야 할 사항에 대해서 알아보도록 하자.

IoT 인프라스트럭처infrastructure**에 대한 투자 비용 발생**　사물 인터넷 도입을 위해서는 어느 정도의 초기 투자 비용이 필요하다. 그 비용의 정도는 사물 인터넷 도입의 목적, 회사 또는 조직의 규모 등에 따라 그 차이가 존재하지만 기본적으로 어느 정도의 투자 비용이 발생한다. 예를 들어 기존 생산 시설을 보유 및 운영하는 회사가 생산 관리 모니터링을 위해서 사물 인터넷을 도입하고자 하는 경우 기존 시설의 규모와 모니터링을 하고자 하는 수준과 목표에 따라 설비에 부착할 센서가 결정될 것이고 원활한 데이터 수집을 위해 기존의 네트워크 시설 등을 보강하여야 할 것이다. 그리고 수집된 데이터를 분석하기 위한 분석 툴(소프트웨어)이 필요할 것이고 분석된 데이터 관리를 위한 시스템 구축 또는 구입 그리고 모니터링과 관련한 프로세스 개선 등 전반적인 투자가 필요하다. 이러한 초기 투자 비용 발생이 사물 인터넷 도입을 망설이게 하는 요인이 될 수도 있다. 하지만 사물 인터넷 도입을 위한 시스템 확충 및 도입의 정도를 각 조직의 목적과 운영 규모에 맞게 유연하게 조절할 수 있을 것이고 장기적 관점에서 투자 대비 수익ROI: Return of Investment 분석을 통해 투자를 결정할 수 있을 것이다.

보안 및 개인정보 보호에 대한 우려　사물 인터넷의 핵심은 센서를 통한 데이터 수집이다. 이렇게 수집과정에서 높은 수준의 보안 데이터 또는 개인정보 등이 포함될 수 있을 것이다. 또한 과거와는 다르게 방대한 데이터가 수집·관리되어야 하는 만큼 데이터 관리와 보안에 있어 더욱 주의가 필요하다. 특히 사물 인터넷이 헬스케어, 스마트홈 등에서 활용되는 경우 수집된 데이터는 개인의 의료 정보 또는 사생활 정보 등을 다뤄야 할 것이고 이러한 데이터가 클라우드 등에서 보관될 경우 데이터의 운영과 소유권 그리고 관리 등에 있어 높은 수준의 보안을 요구하는 데 이러한 정보는 외부 악의적인 의도를 가진 해커들이 원하는 데이터이다. 높아지는 사이버 보안cyber security 규범적 요구사항, 그리고 해커들의 공격 등에 대비하여야 하기 때문에 사물 인터넷의 도입과 더불어 이러한 보안과 개인정보 보호에 대한 대책이 선행되어야 한다.

고위 경영진 이해도 / 인식 부족　사물 인터넷의 도입과 타 기술의 융합을 통해서 조직들은 운영의 효율, 장기적으로 비용절감, 새로운 비즈니스 모델 및 수익모델 창출 등 효익을 얻을 수 있다. 하지만 이러한 신기술의 도입은 조직 구조의 변화 그리고 새로운 인력의 채용 그리고 업무 프로세스 변화 그리고 기존 구성원들의 교육 등 제반적으로 수반되어야 하는 사항들이 많다. 그리고 더불어 경영진의 신속하고 발빠른 의사결정이 필요한 경우가 많은데 의사결정자 및 기존 구성원들이 새로운 기술에 대한 이해도가 낮다든지 조직 내에 교육 부재 및 정보 공유의 제약으로 인해 조직 전반에 있어 신기술 도입의 필요성 인식이 낮을 수도 있다.

관련 규정 및 법규(예: 개인정보 보호 관련 등)**로 인한 제약**　사물 인터넷 기술을 활용하여 신규 비즈니스 모델 수립과 관련 사업을 진출 및 출시하고자 할 경우 관련 법규와 규정 미비 또는 규제로 인해서 사업 운영에 제약이 있을 수도 있다. 예를 들어 헬스케어 분야에 사물 인터넷 기술을 활용하여 새로운 형태의 비즈니스를 출시하고자 하였을 때 개인정보의 데이터 수집과 관련하여 그리고 수집된 데이터의 보안 관리 등 관련 규제 등에 의해서 사업 모델 출시 자체가 불가능한 경우가 있을 수도 있다. 관련 법규 및 정부 정책 및 규제가 기술의 속도를 신속하게 따라가기 어려운 부분이 존재하기에 사전에 관련 규제 및 법규 검토가 필수적이다.

사물 인터넷을 둘러싼 산업 표준 경쟁　글로벌 기술업체들은 이미 자사가 개발한 고유의 사물 인터넷 솔루션을 출시하고 보급에 주력하고 있다. 대표적인 사물 인터넷 솔루션으로는 1) GE Predix(미국의 제너럴일렉트릭GE사가 공개한 산업인터넷 소프트웨어 플랫폼), 2) Cisco IoT cloud(시스코가 개발한 사물 인터넷 관련 핵심 기술을 포함한 '시스코 IoT 시스템'), 3) IBM Watson IoT(IBM은 인공지능 인지 분석 역량을 IoT와 결합한 왓슨 IoT 분석 서비스) 등 각자의 기술 역량을 활용해 사물 인터넷 솔루션을 보유하고 있는데 각자 자신들만의 표준을 통해 개발하였다. 기술에 있어 글로벌 표준의 개발과 선점은 중요한데 동일한 기술이라도 그 구현과 통합에 있어 표준을 선점한다는 것은 그 기술 마켓의 지배하는 데 필요적이다. 사물 인터넷 기술을 조직에 도입하고 운영함에 있어 표준이 아닌 기술을 도입하였을 경우 타 기술 간의 호환이 되지 않을 위험이 존재한다. 아직 성장하고 있는 기술이기 때문에 시장에 다수의 다른 표준의 솔루션이 동시에 존재하는 경우 자신의 기업에 기술 도입 시 향후 유지보수 및 기존 시스템과의 통합 측면에서 호환성을 검토하여야 한다.

◆ **사물 인터넷**IoT **시장 전망**

　마켓리서치 전문기관인 IDC^{International Data Corporation}에 따르면 2021년에 세계적으로 사물 인터넷 관련 투자 및 지출은 두 자릿수 이상 성장을 보일 것으로 전망하고 있으며 2020년에서 2024년까지 연간 성장률을 11.3%를 달성할 것으로 예측하고 있다.[22] 코로나19로 인한 세계적인 팬데믹으로 인해 사물 인터넷의 보급은 더욱 가속화될 것으로 예상된다. 기업체들이 사물 인터넷과 같은 기술을 통해서 위기에 대응하는 전략과 로드맵을 세워야 하는 이유가 더욱 분명해진 것이다. 또한 국내 사물 인터넷 시장규모는 전년대비 19.5% 증가한 7,540억 원에 이른다고 밝혔다(2019년 기준). 관련 시장은 16.1%의 연평균 성장률을 기록하며 2023년까지 1조 3,308억 원에 이를 것으로 전망된다.

　2019년에만 약 13억대 장비(사물)가 네트워크로 연결이 되었고 이는 앞으로 더욱 증가할 것으로 예상된다. 이러한 수치에서 말해주듯이 이러한 속도로 우리 주변의 사물이 연결되고 이 속도로 성장을 한다면 일반 소비자들은 사물 인터넷이 우리의 삶에서 어떠한 영향을 미치는지 그리고 왜 중요한지를 쉽게 체감하게 될 것이다.

22　https://www.idc.com/

03

클라우드 컴퓨팅
Cloud Computing

◆ **내 삶 속에 클라우드**Cloud**?**

컴퓨터 구매 시 하드디스크의 용량이 구매 조건에 있어 중요한 요소였던 적이 있다. 스마트폰으로 언제 어디서나 사진과 동영상을 촬영하고 시간과 장소에 구애받지 않고 유투브Youtube로 영상을 시청하는 지금 하드디스크과 같은 물리적인 저장 공간은 과거에 비해 그 중요성은 많이 낮아지고 있다. 많은 온라인 서비스 업체에서 제공하는 웹하드 또는 클라우드 공간에 데이터를 업로드 하고 언제 어디서든 데이터를 내려받을 수 있기 때문이다. 나의 스마트폰에서 사진 또는 동영상을 촬영하면 구글포토 앱을 통해서 구글에서 제공하는 클라우드 저장공간에 나의 사진을 업로드 할 수 있고 반영구적으로 저장이 가능하다. 사용자는 다양한 기기를 통해서 업로드 한 파일을 확인할 수 있다. 친구들 그리고 회사 동료들과 공동으로 문서 작업을 할 때 과거에는 나의 부분을 작성한 이후에 이메일로 또는 USB로 문서를 전달하고 각자 작성한 문서를 별도로 취합하는 과정을 거쳐야 했는데, 지금은 Google Doc 또는 MS Onedrive에서 제공하는 기능을 이용해서 문서 작업을 여러 명이 동시에 작업할 수도 있는데 이는 클라우드라는 기술을 기반으로 한 서비스이다.

과거에 컴퓨터를 구매하면 우선적으로 소프트웨어를 구매해서 설치하여야 했는데[23] 소프트웨어를 일시불로 구매하는 것은 어떤 면에서는 경제적으로도 부담되는 면이 있었고, 또한 소프트웨어 버전을 업그레이드할 때마다 그 과정도 사용

· · · · ·
23 한글 또는 워드 등의 문서 편집 프로그램, 엑셀과 같은 스프레드시트, 파워포인트 등의 프로그램을 직접 설치하여야만 개인용 컴퓨터의 기본적인 기능을 수행할 수 있었다.

자 입장에서는 불편한 점이 많았다. 요즘은 SaaS^{Service As a Service} 방식으로 소프트웨어를 회사나 개인이 직접 구매하여 설치할 필요없이 필요한 만큼만 빌려서 월별로 이용료를 지불하고 사용하는 방식으로 많이 변화하고 있다. 클라우드의 한 형태인 SaaS 방식으로 시스템을 빌려서 이용하면 사용자는 온라인으로 접속하여 필요한 만큼만 소프트웨어를 이용하면 되고 오류 발생, 유지보수, 버전 업그레이드 등 모든 부분은 클라우드 소프트웨어 업체가 다 해결해 준다. 이것이 바로 클라우드가 도입되면서 생긴 우리의 삶의 변화이다. 클라우드는 우리 사회가 디지털화되어 가는 기반이 되는 기술이며 빅데이터, 사물 인터넷, 인공지능 등 타 기술과 융합을 통해서 4차 산업으로 우리 사회의 전환에 가속화하는 데 큰 기여를 하는데 그 클라우드라는 기술에 대해서 한번 자세히 알아보도록 하겠다.

◆ **클라우드**^{cloud}**는 무엇인가?**

클라우드^{cloud}란 가상화된 컴퓨터의 시스템리소스^{IT 리소스}를 즉시 제공^{on-demand} ^{availability}하는 것이다. 개별적으로 생산된 정보가 사용자의 컴퓨터가 아닌 온라인 기반의 클라우드(네트워크)에 연결된 컴퓨터로 처리되는 기술을 말한다.[24] 가상화라는 것은 물리적으로 존재하는 것이 아니라 실제로 존재하는 것처럼 만든 것을 의미하는데 이러한 특성 때문에 클라우드(구름)라는 이름을 얻었다고 생각하면 된다. 컴퓨터에는 CPU, 메모리, 하드디스크 등 여러 가지 구성 요소가 모여서 컴퓨팅 파워를 만든다. 사용자는 각자의 목적을 위해 컴퓨팅 자원을 이용하는데 클라우드를 이용하게 되면 지금 내가 사용하고 있는 컴퓨터의 자원을 사용하는 것이 아니라 구름 위에 있는 가상의 컴퓨터 자원을 빌려 사용하는 것이다. 극단적인 예를 들자면 개인은 화면과 키보드만 가지고 있는 노트북으로도 인터넷에 접속하여 클라우드에 있는 소프트웨어를 이용하여 게임, 문서 작업, 동영상 재생 등 고사양의 컴퓨터로 할 수 있는 모든 작업을 할 수 있다.[25]

･･･････
24 https://ko.wikipedia.org/wiki/클라우드_컴퓨팅
25 구글 크롬북이 그러한 예이다. 크롬북은 자체적으로 소프트웨어를 설치하여 사용하는 것이 아니라 네트워크에 접속하여 클라우드에 있는 소프트웨어를 이용한다. 그래서 가격이 다른 노트북에 비해서 상대적으로 저렴하다.

[그림 3-1] 클라우드 컴퓨팅

클라우드 환경에서는 컴퓨터를 이용하기 위해서 필요한 기본 요소인 하드웨어 그리고 소프트웨어 등 자신이 필요한 컴퓨터 자원을 소유하는 것이 아니라 필요한 만큼 빌려서 사용하는 것이다.[26] 클라우드 이전에는 개인의 경우는 개인이 필요한 컴퓨터와 필요한 소프트웨어를 구매하여서 사용하였고 기업의 경우는 서버, 데이터베이스, 그리고 필요한 기업용 소프트웨어를 직접 구매한 이후에 이용하였는데 클라우드 환경에서는 직접 구매하고 유지, 보수 관리하는 것이 아니라 필요한 만큼만 빌려서 사용하고 그 만큼의 사용 요금을 지급하는 방식이다. 클라우드 이전이 직접 구매 후 소유하는 방식이라면 클라우드 이후에는 임대 방식이라고 생각하면 쉽게 이해가 될 것이다.

직접 구매하고 소유하는 것보다 어떤 점에서 클라우드가 더 이점이 있기에 이용방식의 흐름이 변화하고 있는 것일까? 이를 이해하기 위해서는 조직에서 IT 인프라를 운영 관리하는 방식 그리고 IT 투자가 어떻게 이뤄지고 있는지를 이해하는 것이 필요하다.

•••••
26 부동산으로 비유하자면 자가로 집을 소유하는 것이 아니라 임대하는 것이다.

◆ **전통적 IT 투자 모델**traditional infrastructure model

어느 정도의 규모 이상인 조직 그리고 기업은 자체적인 IT부서 또는 IT관련 지원부서를 운영하고 있다. 온라인이 기업활동에 큰 부분을 차지 하고 기업의 모든 활동에 있어 IT 시스템의 역할이 커진 현 시점에서 IT부서는 기업 영업활동과 지원에 핵심적이다. IT부서에서 하는 활동은 간단하게 두 가지인데 첫 번째는 새로운 시스템을 도입하고 두 번째는 기존의 시스템을 잘 관리(유지보수)하는 것이다. 조직 또는 기업 내에서 IT 업무가 어떠한 방식으로 운영되는지 가상의 시나리오를 통해서 통해 전통적 IT 투자 모델에 대해서 설명하도록 하겠다.

A라는 대기업 유통회사가 새로운 전사적 자원 관리Enterprise Resource Planning[27] 시스템 또는 매출 관리 시스템Point of Sales[28]을 도입한다고 가정해 보자. 직원이 수만 명 이상이고 하루 매출이 수백 억이 되는 정도의 규모의 조직이 이러한 시스템을 도입하려면 최소 수십억에서 수백억 가까이 드는 대규모 IT 프로젝트이다. 그렇다면 신규 시스템을 도입할 때 발생하는 비용의 세부 내역을 보도록 하자.

1. 하드웨어 장비(서버/데이터베이스/네트워크 장비 등)

2. 소프트웨어 구입(ERP 또는 POS 소프트웨어/운영체제/데이터베이스 소프트웨어)

3. 시스템 구축을 위한 컨설턴트, 개발, 유지보수 인력

시스템 도입 시에 무턱대고 최고 사양의 제품을 구입할 필요는 없다. 회사의 규모와 예상 매출 등을 고려하여 적정한 용량(최대 사용량을 감당할 수준)을 고려하여 시스템을 도입하면 된다. 용량산정을 통해 엄청난 비용을 들어서 시스템을 개발하였고 몇 년 후에 회사 규모(매출, 인력 등)가 커지고 거래량이 많아져서 가끔 피크 시즌[29]에 시스템의 사용량이 감당할 수 있는 수준을 넘어서는 경우가 발생하여 회사

.....

27 기업 전반의 업무 프로세스를 통합적으로 관리, 경영상태를 실시간으로 파악하고 정보를 공유하게 함으로써 빠르고 투명한 업무처리의 실현을 목적으로 한다. 대표적인 ERP 시스템으로 SAP, 오라클 ERP 등이 있다.

28 스캐너, 매출 기록 장비, 컴퓨터 단말기 등을 결합한 시스템. 매출 정산뿐 아니라 동시에 운영/마케팅 등 경영 전반에 필요한 정보를 수집, 관리, 분석하는 시스템으로 Point of Sales으로 불리운다. 우리가 매장을 방문하여 물품이나 서비스를 구매할 때 카드를 이용하면 이 POS 시스템을 이용해서 결재를 하고 매장 주인은 모든 매출 데이터를 POS를 통해서 관리할 수 있는 것이다.

29 온라인 또는 오프라인 유통회사의 경우 명절, 크리스마스, 연말 시즌 등에 평소 대비로 고객의 주문이 폭증할 수 있다.

의 시스템이 다운되는 경우가 있다. 그래서 최대 피크시즌 사용량을 감안하여 다시 새로운 IT 투자를 결정하였고 이 투자로 서버와 데이터 베이스를 확충하고 소프트 웨어도 업그레이드하고 네트워크 장비도 증설하였다.

기업은 투자 대비 극대화된 효과를 낼 수 있는 선택을 하여야 한다. 이 투자는 기업이 내릴 수 있는 최선의 선택이었을까?

▶ 현실은 어떨까?

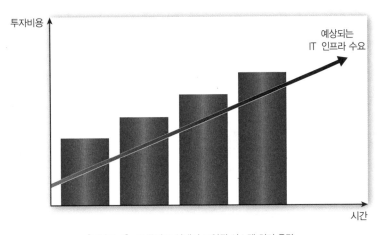

[그림 3-2] IT 투자로 인해서 도입된 시스템 처리 용량

가상의 시나리오에서 벌어지는 상황에서 대해 조금 더 살펴보자. 위의 막대 그래프bar graph는 IT 투자로 인해서 도입된 시스템 처리 용량이다. X축은 비용 투자, Y축은 시간이고, 선 그래프line graph는 예상되는 IT인프라 요구량인데 화면에서 보듯이 실제로 원활한 업무 수행을 위해서 운영 중인 IT시스템의 용량[30]은 항상 수요(실제로 필요한 용량)보다는 높아야 한다. 예를 들어 온라인 쇼핑몰을 운영하는 회사가 연말 시즌 폭증하는 방문객을 대비하여 서버를 증설하지 않아 시스템이 다운되었다고 하자. 이는 온라인 쇼핑몰 비즈니스 운영에 있어 치명적인 상황이기에 항상 예상되는 최대 요구치 이상의 처리 용량을 보유하여야 한다. 하지만 현실은 연말 시즌을 제외하고는 그 컴퓨팅 자원은 잉여surplus가 발생한다.[31] 이는 개인에게 있어

⋯⋯

30 처리가능한 거래량 수 또는 업무 수행 처리 용량

31 1년 중 1달 동안만 보유한 컴퓨터 자원을 최대치로 활용하고 나머지 11달 동안은 절반 이하도 사용하지 않는 상황이 있을 수도 있다.

서도 동일하게 적용가능한데, 예를 들어서 노트북 구매를 하는데 최신 게임이 가능한 고사양PC를 샀는데 문서작성이나 인터넷 서핑만 한다는 것은 구매한 노트북 성능보다 낮은 업무를 수행하는 것이고 구매를 위해 지출한 금액에 비해 사용을 통해서 얻을 수 있는 효용은 낮기 때문에 합리적인 소비 또는 투자행위가 아닌 것이다. 반대로 내가 저렴한 저사양의 노트북을 사고 고사양을 요구하는 게임을 즐기기를 원한다면 원하는 목적을 달성하지 못했기 때문에 이것 또한 투자 실패이다.

최악의 상황을 대비하여 IT투자를 해야 하는데 이로 인해 항상 잉여의 IT 자원이 발생한다. 하지만 이러한 잉여 용량이 반드시 나쁘다고만은 할 수가 없다. 왜냐하면 현실세계 그리고 비즈니스를 운영하는 측면에서는 발생하는 수요를 정확하게 예측하기 어렵고 그 변동성과 불확실성이 크기 때문이다. 기업의 입장에서는 투자를 통해 효과를 극대화하여야 하는데 잉여 용량과 부족이 수시로 번갈아가며 발생하기 때문에 투자 결정이 쉽지 않다.

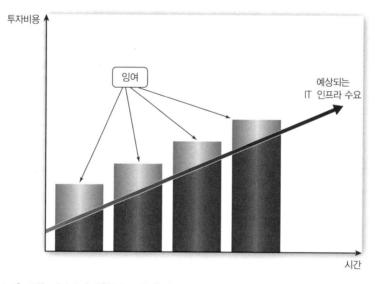

[**그림 3-3**] IT인프라 수요가 예측된다고 가능할 경우: 비즈니스의 연속성을 위해서 수요 이상의 투자가 이뤄져야 하고 이로 인해서 일정 부분 자원의 잉여가 발생한다. 이로 인해 일정 부분 비용의 낭비 그리고 기회비용이 발생한다.

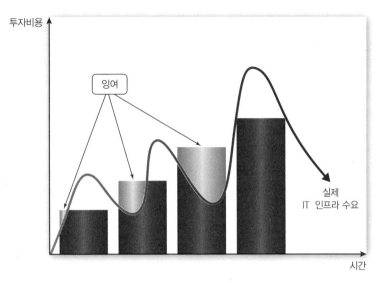

[그림 3-4] 현실 비즈니스 환경에서 IT인프라 수요가 불규칙적으로 변동하는 경우: 수요의 변동성이 크기 때문에 자원의 잉여와 부족이 번갈아 가며 발생할 가능성이 크고 이로 인해 자원 낭비와 시스템 다운으로 인해서 업무 마비를 막을 수 있는 효율적인 운영이 어렵다.

▶ 소유보단 빌려 쓰는 방식이 낫다

그래서 나온 개념이 유틸리티 인프라스트럭처 모델utility infrastructure model이다. 유틸리티utility라고 하면 우리가 사용하는 전기, 수도, 가스 등을 말하는데 이러한 서비스를 이용하기 위해서 각자가 발전 설비를 소유하고 직접 운영하기보다는 전기회사/가스회사 등 전문 업체를 통해 사용자는 자원과 서비스를 이용한다. 그리고 사용한 만큼만 요금으로 지불하는 방식이다. 유틸리티 인프라스트럭처 모델을 통해서 IT시스템을 활용한다는 것은, 즉 다시 말해 사용자가 직접 컴퓨터 하드웨어나 소프트웨어를 소유하는 방식이 아니라 전문 업체가 소유한 컴퓨터의 하드웨어나 소프트웨어를 빌려 쓰고 사용한 만큼 요금을 지불한다는 것이다. 이러한 모델을 기반으로 클라우드 서비스가 이루어지고 있고 클라우드 서비스 업체는 일반적으로 요금 체계와 과금 제도가 합리적이고 세부적으로 이뤄져 있어 사용자들은 자신이 이용한 만큼만 비용을 내면 된다. 그렇기 때문에 온라인 쇼핑몰이 클라우드를 이용한다면 일 년에 한 달 동안 폭증하는 방문객으로 인하여 나머지 기간 동안 필요 없는 서버와 데이터 베이스를 직접 구매할 필요없이 피크 시즌 동안은 요금을 사용한 만큼만 지불하고 나머지 기간 동안은 훨씬 저렴하게 사용한 만큼만 지불하면 된다.

37

이에 더해 클라우드 서비스는 업체가 보유한 전문 인력이 운영하기 때문에 높은 품질의 서비스를 이용할 수 있다. 클라우드를 이용하여 사용한 만큼만 요금을 지불할 수 있는 영역은 비단 서버, 데이터베이스, 네트워크 등 인프라 영역뿐만 아니라 소프트웨어, 고객 지원 서비스 센터, 백신, 사이버 보안cyber security 등 IT 서비스 전 영역에 걸쳐 가능하다.

▶ 클라우드Cloud를 이용하면 좋은 점은 무엇인가?

첫 번째로 비용 절감의 효과가 있다. 수억 원에서 수백억 원에 이르는 IT 설비에 투자하는 대신에 사용한 만큼만 월 단위로 청구되는 금액을 지불하는 것이 훨씬 유리한 경우가 많다. 특히 스타트업같이 초기 투자 비용이 부담스러운 경우에는 이러한 월별 요금제가 훨씬 매력적이다.

두 번째로는 과다한 투자로 인한 잉여 자원을 방지할 수도 있고 예상치 못한 추가적인 IT 자원이 필요한 경우(IT 리소스 사용량이 폭증하는 경우)에도 유연하게 대응이 가능하다. 그림 3−4에서 보듯이 IT 리소스의 사용량에 대한 정확한 예측은 현실적으로 불가능하고 최대치를 고려하여 투자해야 유휴 자원으로 인한 손실 그리고 폭증하는 요구량 등 불확실성이 큰 리스크를 클라우드를 통해 줄일 수 있다.

세 번째로 클리우드 서비스는 IT 서비스를 전문가에게 맡김으로써 사용자에게 본인의 영역에 집중할 수 있도록 한다. 내부의 IT 관리 업무를 일부 아웃소싱하는 것과 같은데 사용자는 서버/데이터베이스 등은 클라우드 서비스 제공자에게 맡기고 서비스 품질에만 관심을 가지면 된다. 예를 들어 온라인 쇼핑몰을 운영한다고 할 때 클라우드를 이용할 경우 쇼핑몰 운영자는 그 비지니스 자체[32]만 집중하면 되고 서버가 다운된다든지, 설비를 증설하여야 한다든지, 운영 인력이 얼마나 필요한지, 관련 법규가 어떤 것인지 등의 IT 인프라와 관련된 부분은 클라우드 업체의 전문적인 서비스를 받으면 된다. 대신 서비스의 품질과 연속성, 그리고 비용(고지서!)에만 관심을 가지면 된다.

......
32 온라인 쇼핑몰의 경우 비즈니스전략, 마케팅, 판매자, 고객 관리 등을 통해 매출과 수익의 극대화라는 비즈니스 핵심에만 집중할 수 있을 것이다.

▶ 그럼 클라우드는 만능? 소유 혹은 렌트?

모든 것이 그러하듯이 좋은 물건이라고 하더라도 모든 이에게 좋은 건 아니다. 클라우드를 도입할지(빌려서 쓸지) 아니면 직접 운영하는게 나은지(소유)는 개별 사용자 입장에서 상황에 맞게 분석하고 판단해야 한다.

앞에서 설명하였듯이 클라우드는 임대의 개념이라고 한다고 한다면 그 반대의 개념은 직접 IT시스템을 구축하고 소유하는 것이다. 그렇다면 어떠한 경우에 클라우드를 도입하는 것이 좋을까?

소유 보다는 렌트rent가 적합한 사례

- 초기 IT 투자 비용이 부담스러운 스타트업
- 비용 절감 또는 업무 효율을 추구하는 일반 회사
- 전문적인 IT서비스 업체로부터 안정적인 시스템 운영과 지원을 받고자 하는 경우

직접 소유built해서 운영해야 하는 경우

- 민감한 개인정보 그리고 보안 등급이 높은 정보를 취급하는 경우
- 대규모의 데이터 또는 거래 처리로 인해서 시스템의 안정성을 요구하는 경우(예: 금융권 시스템)

▶ 클라우드 서비스 모델 종류

지금까지 클라우드 시스템에 대한 전반적인 배경에 대해서 알아보았다. 그렇다면 클라우드를 도입하겠다고 결정하였을 때 무엇을 어떻게 할지에 대해서 고민해 보아야 한다. 클라우드 서비스에도 유형(SaaS, IaaS, PaaS)에 따라 그리고 구축(배치)(Public, Private, Hybrid) 형태에 따라 유형이 나누어 진다. 그 유형에 대해서 알아보자.

| 서비스 유형별 클라우드 서비스 모델 |

서비스로서의 소프트웨어 SaaS: Software As a Service   사스SaaS라고도 불리우는 '서비스로서의 소프트웨어SaaS: Software As a Service'는 클라우드 환경에서 운영되는 소프트웨어, 즉 클라우드 애플리케이션 서비스를 말한다. 사용자가 이용하고자 하는 모든 소프트웨어 서비스가 클라우드에서 이뤄진다. 예전에는 필요한 소프트웨어를

본인의 컴퓨터에 설치하여 사용했던 것과 달리 SaaS 환경에서는 클라우드에서 모든 서비스를 제공하고 설치 등의 과정 없이 인터넷에 접속하여 필요한 소프트웨어를 이용하는 방식이다. 과거에는 소프트웨어를 구입하고 사용자는 그 라이센스를 소유한 상태에서 본인의 컴퓨터에 설치하고 소프트웨어를 이용하였는데 클라우드 환경에서는 필요한 만큼만 빌려서 사용하는 방식이다. 예를 들어 이메일 서비스를 이용할 때 본인의 컴퓨터에 아웃룩을 설치하고 이메일을 사용하는 것과 달리 웹메일 서비스의 경우는 이메일을 보내고 받을 때 소프트웨어를 설치하지 않고 네이버, 다음, 구글 등 이메일 서비스를 제공하는 서비스 업체의 사이트에 인터넷으로 접속하여 로그인 한 다음에 웹메일 서비스를 이용하는 방식이다. 이것이 SaaS 형태의 클라우드의 한 예라고 생각하면 된다. 동일한 방식으로 ERP 시스템Enterprise Resource Planning(전사적 자원관리)의 대표적인 소프트웨어인 SAP, 오라클 ERP 등도 과거에는 회사 내에 시스템을 구축하여 사용하였는데 최근 출시되는 최신 버전은 클라우드 SaaS 형태로 출시되어 네트워크를 통해서 소프트웨어에 접속하여 원하는 만큼만 사용하는 형태이다. SaaS의 특징은 사용자가 필요할 때 가입하여 사용한 만큼의 비용만 지불하면 곧바로 서비스를 이용할 수 있다는 것이다. 예전에는 시스템을 구축하기 위해서 필요한 인프라(서버, 데이터베이스)를 도입하여 소프트웨어 설치가 필요하였는데 이러한 과정이 필요없어진 것이다. 시간과 비용이 단축되는 효과가 있고 유지보수는 클라우드 SaaS 서비스 업체가 담당하기 때문에 버전 업그레이드나 패치 작업 또한 신경 쓰지 않아도 된다. 최근 나오고 있는 소프트웨어 대부분은 클라우드 형태로 출시되고 있는데 대표적인 서비스는 아래와 같다.

- 구글의 대부분의 제품군
- MS 오피스 365
- 세일즈 포스 닷컴(CRM)
- SAP HANA
- 오라클 ERP

시중에 판매하고 있는 '구글 크롬Google Chrome' 노트북의 경우 OS 포함한 모든 소프트웨어를 클라우드로 사용하도록 제작되어 있어 하드웨어가 그에 맞게 제작, 출시되어 저렴한 가격으로 구매가 가능하다.

서비스로서의 플랫폼 PaaS: Platform As Service　　파스Paas라고도 불리우는 PaaSPlatform As Service는 소프트웨어 개발자가 앱 개발 등을 할 때 필요한 여러 가지 지원 시스템(플랫폼)을 클라우드로 지원하는 서비스이다. 시스템을 개발할 때는 개발, 테스트, 운영 환경 등의 여러 가지 인프라가 필요한데 이를 직접 구축하고 유지할 필요없이 클라우드 서비스 업체가 제공하는 가상 환경에서 사용자는 개발 자체에만 집중할 수 있도록 해주는 서비스의 범주이다. 음식에 비유를 하자면 SaaS 형태의 클라우드 서비스는 완성된 요리를 고객에게 제공하고 고객은 즐기기만 하면 형태인 반면 PaaS는 일종의 밀키트meal kit라고 할 수 있는데 요리를 위해서 다듬어진 음식재료를 클라우드가 제공하고 가지고 사용자는 본인이 원하는 방식으로 조리만 하면 요리가 완성하는 것이다. 요리(소프트웨어)를 하기 위해서 여러 가지 복잡한 조리도구 또는 장비를 다 제공해 주는 것이 바로 PaaS의 형태라고 이해하면 쉬울 것이다. PaaS의 경우 클라우드 서비스 제공자는 개발자에게 애플리케이션을 생성, 호스팅 및 배포할 수 있는 환경을 제공하고 사용자는 복잡한 인프라(서버 및 데이터베이스, 네트워크)를 도입, 구입, 그리고 운영에서 벗어날 수 있는 것이다. 이런 방식으로 PaaS는 개발자 또는 팀이 온전히 어플리케이션 개발에만 집중할 수 있어 빠른 속도로 개발 또는 오류를 개선하고 사용자가 애플리케이션 자체에 집중할 수 있도록 한다.

서비스로서의 인프라 IaaS: Infrastructure As a Service　　IT에서 인프라infrastructure는 보통 물리적인 장비를 일컫는다. 예를 들어 데이터 센터라고 불리우는 곳에 여러 장비를 운영 보관하는데 그 장비는 서버, 스토리지, 네트워크 관련 등이 있다. 과거에는 회사나 학교 등에서 전산팀 또는 전산실을 직접 운영하면서 관리하였다. 작은 조직의 경우 건물의 한 공간에 서버실을 운영하면서 서버 몇 대를 두기도 하고 큰 조직의 경우(대기업, 은행, 증권사 등)에는 전산센터 또는 데이터 센터 건물을 따로 두고 수백 대의 서버 장비를 보관하고 운영하는데 이런 것들이 인프라라고 이해하면 쉬울 것이다. 어떤 조직이든 이러한 물리적인 공간과 장비를 도입·보관·운영·관리한다는 것은 자원과 비용이 투입되어야 하고 전문 인력이 필요한 것인데 클라우드 형태로 인프라를 관리한다는 것은 네트워크(인터넷)를 통해 내가 소유한 것이 아닌 전문 클라우드 업체에서 운영하는 데이터 센터에 있는 서버와 스토리지 등을 인프라 자원을 빌려 쓴다는 의미이다. 사용자는 필요에 따라 확충 또는 신규 도입해야 하는 장비를 구매할 필요도 없고 관련 인력을 채용할 필요없이 전문적인 클라우드 업체가 운영하는 인프라 자원을 클라우드 환경에서 빌려 사용하기만 하면 된다. 이렇게 빌려서 사용하는 인프라(서버, 데이터베이스, 네트워크)에 사용자는 필요한 경우 원하는 대로 소프트웨어를 설치하고 IT 서비스를 사용하면 된다. 비용적인 측면 이외에도 클라우드 형태로 인프라를 쓰는 것이 좋은 이유는 인프라 운영에 전문적인 서비스를 받을 수 있기 때문이다. 많은 경우 인프라 운영 실패로 인한 비즈니스 운영 연속성 문제[33]가 발생하는데 이런 경우 내부적으로 백업과 복구 등을 하는 것보다는 전문 업체의 서비스를 이용하는 것이 유리한 점이 많이 때문이다.

특히 많은 온라인 서비스 업체들이 IaaS 서비스를 많이 이용하고 있는데 넷플릭스Netflix가 그 대표적인 사례이다. 넷플릭스는 글로벌 온라인 스트리밍 서비스 업체로 동시에 수천만 명이 접속하여 영화와 드라마를 즐긴다. 실시간 스트리밍으로 영화 및 드라마 서비스를 제공하는데 이로 인해 트래픽뿐만 아니라 데이터 사용량도 엄청나고 시스템이 다운되어 서비스가 일시적으로라도 불가능한 경우 회사의 이미지 또는 명성에 큰 타격을 입힐 것이다. 또한 주말, 연휴, 연말연시 등 특정 기간에 접속자 수가 폭증하는 대표적인 시장수요의 계절성seasonality이 큰 업종이고 그 수요를 예측하여 IT인프라를 구축하는 것이 쉽지 않다. 이러한 이유로 넷플릭스는 자체 데이터센터를 닫고 대표적 클라우드 업체인 AWS아마존 웹서비스로 모든 인프라를 옮겼고 수요에 따라 탄력적으로 인프라 서비스를 이용하고 있다. 예를 들어 접속자 수가 낮을 때는 사용 인프라를 줄이고 피크 타임에 접속자 수가 늘어난 경우는 몇 번의 클릭만으로 필요한 서버 양을 늘려 폭증한 수요를 유연하게 대응한다.

▶ 도입(배치) 유형별 클라우드 서비스 모델

앞에서 서비스 유형별로 클라우드 서비스의 종류에 대해서 알아보았다. 지금부터는 클라우드 서비스를 도입할 때 시스템의 도입(배치) 유형별로 서비스 모델을 구분해 보도록 하겠다.

| 퍼블릭 클라우드public cloud |

퍼블릭 클라우드 모델은 말 그대로 공용으로 또는 일반 대중이 모두 접근하여 사용가능한 클라우드 환경을 말한다. 서버 또는 스토리지 같은 컴퓨팅 리소스를 외

......
33 서버 다운, 해커의 공격 또는 자연 재해 등으로 시스템이 다운되면 업무 마비, 그리고 고객 이탈 등으로 매출과 수익에 심각한 영향을 줄 수 있다.

부의 클라우드 서비스 공급자가 소유/운영하며 사용자는 인터넷을 통해서 접속하여 사용하는 방식이다. 비용을 지불하는 누구든지 서비스에 가입하여 사용가능한데 널리 사용되고 있는 아마존 웹서비스AWS, MS Azure 등이 이에 해당한다. 퍼블릭 클라우드를 이용하는 경우 이용자는 가상화된 형태로 독립적인 서비스를 이용하는 것처럼 느껴지지만 실제로는 다른 조직 또는 이용자와 물리적으로는 동일한 서버, 스토리지 및 네트워크 장비를 공유한다. 비용 절감과 유지보수의 편의 이외에 퍼블릭 클라우드의 장점은 다음과 같다.

- 확장성: 예상치 못한 사용량의 증가 또는 하락 등 비즈니스 운영에 있어 모든 요구 사항을 충족시키기 위한 IT 서비스를 주문에 따라 사용량을 늘리고 줄여서 컴퓨터 자원을 신속하고 유연하게 변화시킬 수 있다.
- 높은 안정성: 클라우드 서비스 제공자는 이미 방대한 서버 용량 그리고 비상 사태와 재난에 대비한 업무 프로세스와 전문가 보유하고 있다. 그렇게 때문에 높은 안정성을 바탕으로 이용자는 IT서비스를 받을 수 있다.

| 프라이빗 클라우드private cloud |

프라이빗 클라우드는 말 그대로 공용으로 사용하는 퍼블릭과 다르게 제한된 사용자에게만 사용이 허가되는 클라우드 환경이다. 앞에서 설명한 퍼플릭 클라우드는 서비스 업체가 시스템 자원을 소유하고 사용자에게 빌려주는 방식이라고 한다면 프라이빗 클라우드는 사용자 또는 기업이 클라우드 시스템 자원을 직접 개발 및 소유한다. 일종의 자신들만의 전용 클라우드를 구축하여 사용하는 형태이다. 글로벌 대기업의 경우 글로벌 본사에 프라이빗 클라우드를 구축하고 전 세계의 지점 또는 오피스 직원들에게 접근권을 부여하여 회사 내에서만 사용한다면 이것은 프라이빗 클라우드에 해당하는 것이다. 프라이빗 클라우드는 외부의 서비스 업체가 운영하는 것이 아니고 조직 내부에서 유지·관리되기 때문에 모든 장비와 소프트웨어가 조직 내부 전용으로 사용되는 것이고 그렇기 때문에 클라우드 환경 자체를 조직이 원하는 방향으로 또는 내부 인력의 요구사항에 맞도록 조절하고 변경할 수 있는 여지가 크다. 또한 클라우드의 자원과 보관되는 데이터가 조직 내에 있기 때문에 IT 자원의 제어권을 가지게 되고 데이터를 내부에 보관함으로써 높은 보안을 유지할 수 있다. 이런 특징으로 공공기관, 금융기관 또는 민감한 정보를 다루는 조직의 경우 퍼블릭 클라우드보다는 프라이빗 클라우드를 선호한다.

하이브리드 클라우드는 이름 그대로 퍼블릭과 프라이빗 클라우드 환경을 혼용하는 방식이다. 클라우드 환경이 조직 내부에 위치하는 것과 퍼블릭 클라우드를 일부 사용하여 외부의 컴퓨터 자원을 동시에 사용하는 방식으로 환경을 구성한다. 예를 들어 백업, 재난 복구, 테스트/개발 등을 위한 IT 자원은 프라이빗 클라우드를 이용하고 다른 목적(SaaS 소프트웨어 이용)을 위해서는 퍼블릭 클라우드를 사용하는 식으로 목적에 맞게 응용할 수도 있다.

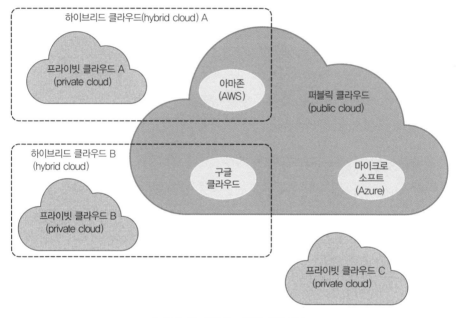

[그림 3-5] 클라우드 서비스 모델 예시

◆ 클라우드 비즈니스 사례 소개

2011년에 농협에서는 전산사고로 3일 동안 은행 업무가 마비된 적이 있었다. 전산사고로 인하여 농협은 당시 큰 유·무형적 손실을 입었었는데 최근 이러한 위험을 방지하기 위해 클라우드는 좋은 활용 방안으로 떠오르고 있다. 클라우드를 도입하면 트래픽 폭주를 대비할 수 있고 IT 보안을 강화할 수 있는 이점이 있다. 실제 클라우드를 도입한 실제 사례에 대해서 알아보도록 하자.

▶ 금융^{finance} 분야

금융위원회 산하 '데이터 거래소'는 클라우드를 통해 금융, 통신, 기업 정보 등의 데이터를 거래하는 중개 플랫폼을 구축하였다. 데이터 공급자가 '샌드박스'라는 플랫폼에 데이터 분석 결과를 제공하면, 그것을 원하는 수요자가 구매를 할 수 있다. 즉, 데이터 원본이 아닌 데이터 결과 분석 자료를 거래하게 되는 것이다. 하이브리드 클라우드도 금융권에서 활용되고 있는 추세이다. 이는 프라이빗 클라우드의 장점인 보안과 고성능 컴퓨팅이 가능한 퍼블릭 클라우드의 장점을 융합한 것이다. 금융업 특성상 민감한 개인정보 그리고 금융 거래 정보 등을 취급하기 때문에 모든 사람이 접근 가능한 퍼블릭 클라우드의 형태로만 도입하는 것보다는 프라이빗과 퍼블릭의 장점을 다 가질 수 있는 하이브리드 클라우드를 선호하는 것이다. 예를 들어 신한은행은 자체 하이브리드 클라우드를 도입해 인공지능 서비스 개발 및 운영을 자동 처리하는 프로세스를 구축하였다.

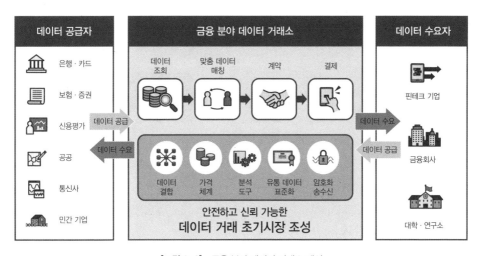

[그림 3-6] 금융 분야 데이터 거래소 예시

▶ 헬스케어^{health care} 분야

헬스케어 분야에서도 클라우드는 활발히 적용되고 있다. 클라우드를 활용하여 헬스케어 시장에서 발생하는 수요와 공급 사이의 간극에 대해 유동적으로 대처할 수 있는 것이다. 고령화와 건강수명 증진에 따라 헬스케어에 대한 수요는 양적 및 질적으로 확장되고 있다. 예를 들어 의료기기의 발전으로 환자들의 데이터는 기존

보다 무수하게 증가하였다. 클라우드 인프라는 이러한 폭넓은 헬스케어 정보를 효율적으로 저장하고 처리하는 것이 가능하다. 마이크로소프트의 경우 의료업계 전용 '헬스케어 클라우드' 프리뷰를 공개하였다.[34] 마이크로소프트 헬스케어 클라우드는 어떤 디바이스(컴퓨터, 태블릿 등)에서도 의료기관이 개별 환자에 대한 관리 계획 및 예방적 지원을 전달할 수 있도록 지원한다. 또한 의료진들의 소견서를 공유할 수 있고, 이로 인해 환자 만족도 및 담당의 정보 등 소견서의 항목별 분석 및 관리가 더 용이해진다. 한국의 경우, 고대 안암병원이 헬스케어 클라우드 플랫폼 '고대 안암 헬스클라우드KUMC health cloud'를 구축하였다. 이 클라우드 도입을 통해 환자 데이터를 실시간 수집 및 분석이 가능하고, 개인의 스마트 기기와 연동되어 개개인의 식습관 관리, 운동법 등 맞춤 관리가 가능하다. 또한 축적된 빅데이터를 분석하여 새로운 의료정보를 추출 및 예측할 수도 있다. 이러한 헬스케어 클라우드 플랫폼 바람은 계속 지속될 것으로 전망된다.

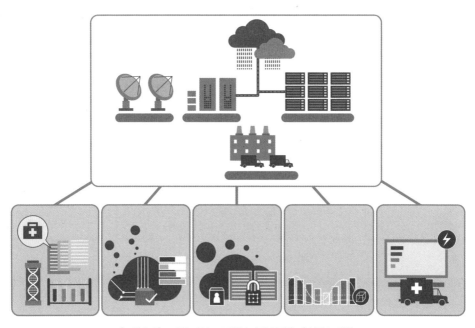

[그림 3-7] 마이크로소프트 '헬스케어 클라우드' 서비스 예시

34 의료 SaaS 솔루션이며 기존의 전자건강기록(electronic health record) 및 플랫폼과 통합이 가능하다. 사용자는 클라우드에 접속하여 이용하면 된다.

▶ 농업agriculture 분야

농업 분야에서도 클라우드를 도입한 혁신적인 사례들이 창출되고 있다. 농림식품기술 기획평가원은 클라우드형 스마트팜 통합 제어 장치를 구축하였다. 클라우드 플랫폼을 활용하여 다양한 기종의 장비들의 데이터를 표준화된 방식으로 수집 및 관리가 용이해졌다. 이를 통해 기존 제품의 사용에만 국한되지 않을 수 있어 더욱 유연한 사후 관리가 가능해진다. 더 나아가 클라우드 서비스를 활용하여 기존의 온도 습도 제어를 넘어 뿌리 생육 모니터링 및 제어까지 보다 광범위한 관리가 가능해진다. 이렇게 클라우드에 축적된 빅데이터는 분석 및 활용이 가능하여 과학적 영농을 하는 데 크게 도움이 될 것으로 보인다. 그 외에도 알리바바 클라우드 회사는 ET 농업브레인 기술을 적용하여 양돈 농가 사업을 관리한다. 시각 및 음성 데이터, 실시간 환경의 변화를 모니터링하여 각 돼지의 활동 패턴, 성장 지표, 임신 및 기타 건강 상태를 관리하게 되는 것이다. 이를 통해 양돈 농가의 생산량을 증가시키고 비정상적인 새끼 돼지의 사망률을 줄여주는 효과를 창출하였다. 이러한 클라우드 기반의 스마트팜 관리는 과수 재배 운영까지 다양한 농업 분야에 확장되고 있다.

[그림 3-8] 클라우드형 스마트팜 통합 제어 장치 예제 (출처: 게티이미지뱅크)

▶ 공공public 분야

정부 차원에서도 공공 클라우드 확산의 바람이 불고 있다. 우리나라는 2015년 3월 '클라우드 컴퓨팅 발전 및 이용자 보호에 관한 법률'을 제정하여 클라우드가 본격적으로 도입될 것이라는 암시를 보였다. 정부는 민간 클라우드와의 협업으로 공공 민간 클라우드 도입을 확산하려는 노력을 기울이고 있다. 예를 들어 2019년에 '클라우드 기반 인공지능 보건소' 사업이 추진된 바 있다. 이 사업에는 LG CNS가 참여하여 은평구청 보건소를 클라우드 기반 인공지능 보건소로 변화시켰다. 클라우드 기반 영상판독보조 지원 시스템을 구축하여 폐질환 관련 엑스레이를 인공지능이 분석하여 폐질환 측정 결과를 의사에게 제공하는 것이다. 이를 토대로 의사는 환자를 검진하게 되는데 기존 엑스레이 판독시간이 24시간에서 무려 20초로 단축되어 혁신적인 시간의 절감을 일구어 냈다. 이러한 클라우드 서비스는 표준화된 공공의료 서비스 제공이 가능하게 되어 전국 어디서나 적용될 가능성이 있다.

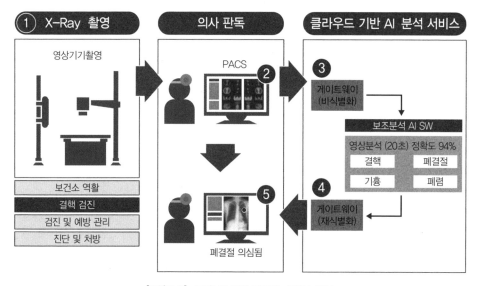

[그림 3-9] 클라우드 기반 인공지능 보건소 예시

▶ 엔터테인먼트entertainment 분야

클라우드 적용 사례에 게임 분야를 빼놓을 수 없다. 클라우드 게임은 고성능 서버를 통하여 게이밍 PC 없이도 다른 기기의 화면으로 스트리밍해서 게임을 플레이 하는 방식이다. 이러한 클라우드 게임은 빠른 속도의 네트워크가 중요한데 초

고속 네트워크인 5G와 Wi-Fi 6 등의 등장으로 인해 성능이 향상되고 있다. SK텔레콤과 마이크로소프트에서 '프로젝트 엑스클라우드'라는 클라우드 게임 서비스를 선보인 바 있다. 마이크로소프트의 데이터센터에서 엑스박스 게임을 구동하여 훨씬 빠르고 생동감 있는 게임을 즐길 수 있는 환경을 지원하게 되었다. 그로 인해 액션 게임 및 대전 격투 게임까지 온라인으로 끊김없이 무난히 즐기는 것이 가능하다. 그 외에도 소니 플레스테이션은 '나우'라는 클라우드 스트리밍 게임 서비스를 제공하고 있다. 플레이스테이션 2, 3, 4 게임을 합쳐 총 750개 이상의 스트리밍 게임을 제공하고 있다. 이러한 클라우드 스트리밍 게임은 네트워크의 진화와 함께 계속해서 발전할 것으로 예측된다.

[그림 3-10] 마이크로소프트 프로젝트 엑스클라우드(xCloud) 예제 (출처: 연합뉴스)

◆ 대표적 클라우드 서비스 소개

지금부터 어떠한 클라우드 서비스가 대표적으로 존재하는지 알아보도록 하자. 아마존 웹서비스AWS는 아마존에서 개발한 클라우드 컴퓨팅 플랫폼이다. 아마존 웹서비스는 2006년에 설립되었으며 대량의 서버, 저장공간 등의 인프라를 사용자에게 대여해 주는 IaaS^Infrastructure as a Service 서비스를 제공하고 있다. 클라우드 서비스 세계 시장점유율 1위로 알려져 있으며 넷플릭스와 NASA 등 수많은 고객들이

이 서비스를 이용하고 있다. 아마존은 본인들의 코어^{core} 비즈니스인 온라인 이커
머스 사업에서 클라우트 컴퓨팅의 필요성을 느꼈고 자신들의 문제를 해결하기 위
해서 AWS를 출시하였는데 현재는 온라인이 커머스 분야보다 더욱 높은 수익을 올
리고 있다.[35] 아마존은 EC2$^{Elastic\ Compute\ Cloud}$를 사용하여 새로운 서버를 확보하고
부팅하는 시간을 단축시키고, 컴퓨팅의 요구 사항에 따라 신속하게 컴퓨팅 파워를
조정하는 것이 가능하다. 이렇게 크기 조정이 가능한 컴퓨팅 파워로 인해 사용자는
실제로 사용한 용량만큼만 지불하게 된다. 네트워킹 서비스는 사용자에게 가상 네
트워크 환경을 직접 제어할 수 있는 기능을 제공하여 마치 기존 네트워크 내에 있
는 것처럼 사용할 수 있다. 그리고 데이터 및 사용 유형에 따라 다양한 스토리지 옵
션을 제공하고 있다. 아마존 웹서비스가 많은 고객을 확보한 이유 중 하나는 저렴
한 비용에 있다. 사전 확약금이나 장기 약정 없이 사용한 만큼만 지불하는 종량 과
금제 방식으로 운영된다. 데이터센터 운영 및 유지·관리에 대한 비용도 지불할 필
요가 없다. 그리고 몇 분만에 플랫폼이 전 세계에 배치가 가능해서 뛰어난 민첩성
을 보여준다. 이로 인해 엔터프라이즈, 스타트업, 공공 부문의 고객까지 다양한 계
층의 사용자들을 점유하고 있다.

[그림 3-11] 아마존 웹서비스 로고 예시

마이크로소프트 애저$^{MS\ Azure}$는 마이크로소프트가 제공하는 퍼블릭 클라우드
플랫폼이다. 애저^{Azure} 플랫폼은 서버, 스토리지, 네트워크 등의 인프라 구조를 갖
춘 IaaS, 애플리케이션 개발 환경을 제공하는 PaaS 두 가지 서비스를 통합해서 제
공하고 있다. 마이크로소프트 애저$^{MS\ Azure}$의 특징은 클라우드를 도입 시 기존 마이
크로소프트 제품들과 호환성이 높으며, 사용 중인 시스템 환경으로부터 원활한 전

<hr />

35 넷플릭스와 마찬가지로 Amazon.com에서 접속하여 상품과 서비스를 구매하는 고객 그리고 거래량 등이
시즌에 따라 변동성이 크다. 아마존은 자신들의 문제를 해결하는 것을 넘어 클라우드라는 서비스를 비즈
니스 모델화하여 엄청난 성공을 거두고 있다.

환이 가능하다.[36] 그리고 애저를 통해 윈도우 서비스 외에도 애플리케이션 사용이 가능하다. 특히 애저에서 제공하는 하이브리드 클라우드는 기업 내의 프라이빗 데이터센터와 공공 클라우드를 연계할 수 있게 해줘서 복잡한 절차없이 통합 데이터를 활용할 수 있게 해 준다. 전 세계 한국을 포함한 34개 지역에(2017년 7월 기준) 데이터 센터가 구축되어 있으며 지속적이고 원활한 가동이 가능하다. 아마존 웹서비스와 비슷하게 리소스 사용량을 탄력적으로 조절할 수 있고, 사용한 리소스 만큼만 요금을 지불하면 된다. 이러한 이유로 인해 아마존과 함께 클라우드 시장을 선도하고 새로운 데이터 센터는 전 세계의 지역으로 계속 확장하고 있다.

[그림 3-12] 마이크로소프트 애저(MS Azure) 예시

마지막으로 국내에서 제공하는 클라우드 서비스인 '네이버 클라우드'를 얘기할 수 있다. 네이버는 지난 2017년에 클라우드 서비스를 출시하였으며 인프라 서비스IaaS 상품을 주 중목으로 시작하였다. 하지만 아직은 아마존 웹서비스와 마이크로소프트 애저의 독보적 입지로 인해 점유율은 미미한 수준이다. 네이버 클라우드는 엄격한 규제로 인해 해외 서비스 도입이 어려운 금융, 공공, 의료 등의 분야에 점유율을 확보하려 하고 있다. 최근(2020년 7월 기준)에는 '뉴로클라우드'라는 하이브리드 클라우드 서비스를 선보이기도 하였다. 이 서비스를 통해 기업 자체 데이터 센터와 공공 클라우드를 쉽게 연동시키려 하고 있다. 최근 한화생명은 네이버 비즈니스 플랫폼NBP과 계약을 맺고 네이버 클라우드 플랫폼을 구축하고 있다. 특히 하이브리드 클라우드 개념을 적용한 '뉴로클라우드'를 활용하여 보안이나 컴플라이언스 이슈 등에 민감한 데이터들을 원활하게 사용 가능할 것으로 보인다. 앞으로도 이러한 네이버 클라우드 서비스는 철저한 보안과 장소에 제약이 있는 국방산업에

•••••
36 MS 윈도우, 오피스 등 막강한 시장점유율을 기반으로 기존의 자신의 제품을 이용하는 고객에게 Azure 클라우드 도입의 장점과 호환성 등을 강조하여 시장점유율을 높였다. 고객이 사용하던 기존의 제품을 최적의 환경에서 이용할 수 있다는 것이 MS 클라우드의 강점이다.

도 효과적으로 도입될 수 있을 것으로 예측된다.

[그림 3-13] 네이버 클라우드 예시

◆ **클라우드 전망**

클라우드로 인해 우리가 사용하는 컴퓨터 환경이 급격하게 변화하였다. 과거의 소유의 개념이 아닌 렌트의 개념으로 하드웨어에서부터 소프트웨어까지 모든 영역에 걸쳐 클라우드를 통한 서비스를 이용하고 있다. 클라우드 마켓 자체의 전망과 기대는 최근 기업공개를 실시한 클라우드 서비스 업체의 기업가치를 통해서 확인할 수 있다. 엔드포인트endpoint protection 사이버 보안 업체인 크라우드스크라이크CrowdStrike[37] 그리고 클라우드 기반의 기업용 데이터 웨어하우스datawarehouse 업체인 스노우프레이크SnowFlake[38]가 기업 공개 후 기대를 넘어서는 높은 기업 가치를 보여주고 있다.[39] 기업 보안 모니터링, 기업 데이터 저장 공간, 전사적 자원 관리 시스템과 같은 기업용 서비스 그리고 음악(스포티파이, 멜론 등), 영화(넷플릭스) 스트리밍 서

---

37 과거에 개별 컴퓨터에 백신 소프트웨어를 설치하여 사용하는 방식과 달리 엔드포인트(endpoint protection) 보안 방식은 개별 컴퓨터에 간단한 센서만 설치하고 클라우드 서버에서 보안 상태를 모니터링하는 SaaS 형태의 클라우드 서비스이다.

38 데이터웨어하우스(Datawarehouse)는 기업에서 보고서 작성을 위해서 여러 데이터 소스로부터 데이터를 한 곳에 모아둔 저장 공간을 말하는데 과거에는 기업들이 각자의 데이어웨어하우스 구축 관리하였다. 스노우프레이크(SnowFlake)는 이러한 데이터웨어하우스를 클라우드로 구축하여 기업들에게 제공하고 서비스 수수료를 받는 형태의 비즈니스를 가지고 있다.

39 시가 총액이 우버(Uber)를 넘기도 하였다.

비스 등 개인 엔터테인먼트 영역까지 컴퓨터와 관련된 모든 영역에서 클라우드로의 전환이 가속화 되어 가고 있다. 전 영역에 걸친 클라우드로의 전환에 대해서는 전문가들 사이에서도 이견은 없다. 또한 그에 맞춰 시장 또한 커질 것이고 전문 인력 또한 지속적으로 필요할 것이다. 클라우드가 다른 4차 산업혁명 기술들과의 융합을 통해서 어떠한 새로운 형태로 진화할지 기대된다.

04

빅데이터
Big Data

◆ **빅데이터**big data**란 무엇인가?**

　빅데이터라는 용어가 많은 사람들에게 회자되고 있지만, 그에 대한 단일한 정의definition를 내리기가 쉽지 않다. 많은 양의 데이터 그 자체를 빅데이터라고 불릴 수도 있겠지만, 일반적으로 빅데이터라 함은 데이터의 수집, 가공, 저장, 분석 등 데이터의 시작부터 사용의 마지막까지 이르는 일련의 과정으로 이해하는 것이 바람직하다. 왜냐하면 앞서 소개한 사물 인터넷, 클라우드 컴퓨팅, 인공지능 등의 기술들이 빅데이터와 필연적으로 연관될 수밖에 없기 때문이다. 과거에 데이터의 수집 방식은 정부기관이나 소수의 기업이 비용 투입을 통해 계획된 데이터의 수집이 주로 이루어져 있다면,**40** 현재의 데이터 수집은 모바일 기기 또는 사물 인터넷에서 실시간으로 수집되고, 클라우드 컴퓨팅 공간에서 저장 및 분석할 수 있는 인프라가 구축되었기 때문이다. 이는 소비자행동영역에서뿐만 아니라 생산공정에서도 숙련된 작업자의 노하우에 따라 생산의 효율성이 각종 센서를 통해 수집한 방대한 양의 데이터를 실시간으로 기계학습machine learning을 통해 불량률 등을 예측하고 이를 사전에 제어할 수 있는 영역으로 넘어가고 있는 것이다. 결국 빅데이터라고 일컬어지는 일련의 과정들은 사용자가 지향하고자 하는 목적을 달성하는 데 통찰을 제공하는 일련의 과정으로 이해할 수 있다. 즉, 무수히 많은 데이터의 홍수 속에서 가치있는 정보를 추출extract하여 하나의 지식knowledge 체계를 구축하고 이를 바탕으로 통

・・・・・
40　이러한 작업은 시간이 오래 걸린다는 단점이 있다. 따라서 분기에 한 번 정도 수집하면 데이터의 빈도가 높은 것으로 여겨진다.

찰wisdom을 얻는 것이다.

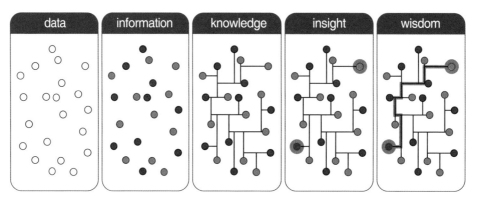

[그림 4-1] 빅데이터 분석의 목적 (출처: David Somerville)

빅데이터의 가장 중요한 특징은 5V's로 요약될 수 있는데, 이는 다음과 같다.

1. 방대한 크기(Volume)

2. 데이터의 다양성(Variety)

3. 빠른 데이터 생성 속도(Velocity)

4. 데이터의 품질(Veracity)

5. 데이터의 가치(Value)

데이터의 크기volume 측면에서 보자면 인터넷과 스마트폰의 보급으로 인해 지구상에 생성되는 데이터의 양의 크기가 기하급수적으로 증가하였다는 사실을 들 수 있다. 현존하는 데이터의 90%는 지난 2~3년간 다 만들어졌다고 평가된다. 독자 개개인이 하루하루 일상생활을 면밀히 관찰해 보면 얼마나 많은 양의 데이터를 생산하고 있는지 체감할 수 있을 것이다.

데이터의 종류variety 측면에서도 우리가 사용할 수 있는 데이터의 종류도 급격하게 확장되었다. 과거에는 주로 숫자로 이루어진 테이블 형태의 관계형 데이터relational data가 분석에 주로 사용되었다고 한다면, 현재는 텍스트 데이터, 이미지 데이터, 음성 데이터, 비디오 데이터 등이 목적에 맞게 사용되고 있다. 대표적인 예를 들 수 있는 게 '보이스 피싱 예방' 앱서비스를 들 수 있다. 금융감독원과 IBK기업은행이 공동개발한 'IBK 피싱스톱' 서비스의 경우 실제 보이스 피싱 음성 데이터를 기반으로 학습한 모형을 통해 내게 걸려온 전화가 피싱인지 아닌지 구별해 주는 서비스를 제공한다. 과거에는 보이스 피싱 예방 홍보에 치중하였던 전략이 관련 음성 데이터 확보와 그것의 분석이 가능함에 따라 실제 보이스 피싱 여부를 판별해 주는 적극적인 개입 전략으로 전환이 가능해졌던 것이다.

구조화된 데이터 (structured data)

비구조화된 데이터 (unstructured data)

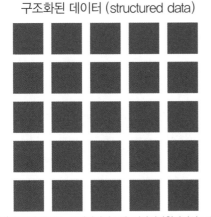 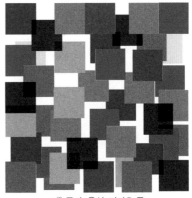

예) 데이터 베이스, 고객관리시스템, 전사적자원관리시스템

예) 문자, 음성, 비디오 등

[그림 4-2] 구조화 데이터(structured data)/비구조화 데이터(unstructured data)

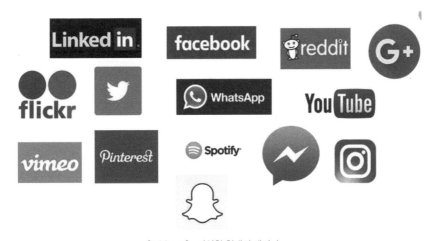

[그림 4-3] 다양한 형태의 데이터

[그림 4-4] IBK 피싱스톱 어플리케이션 이미지

데이터의 생성 속도 측면에서도 과거와는 비교할 수 없을 만큼 빠른 속도로 다양한 형태의 데이터가 실시간으로 생성되고 있다. 사물 인터넷, 모바일 기기 및 정보통신기술의 발달, 클라우드 컴퓨팅 보급에 따라 실시간으로 생성되는 데이터의 보관 및 분석에 따른 비용이 점차 낮아지고 있는 추세이다.

데이터의 품질veracity 측면에서도 빅데이터는 전통적인 데이터와는 차이점이 있다. 전통적인 데이터에 비해 데이터의 양과 종류도 방대하기 때문에 데이터의 품질을 단언할 수 없다. 과거 정부기관이나 소수의 기업들이 제공하는 데이터의 경우 몇 단계의 사전작업을 거쳐 데이터의 품질을 확인하는 사전 과정을 거쳤다면, 우리가 접할 수 있는 빅데이터의 경우 데이터의 정합성과 품질을 담보할 수 없다. 따라서 빅데이터 분석을 함에 있어서 데이터에 끼어들 수 밖에 없는 잡음noise들을 적절히 처리하고 관리하는 것이 그 무엇보다도 중요한 작업이라고 할 수 있겠다.

마지막으로 가치value라는 관점에서 빅데이터를 바라보자면 빅데이터를 통해 가치를 창출할 수 있을 때야만 빅데이터 분석의 의의가 존재한다. 우리나라의 경우 많은 기업들이 아무런 명확한 문제의식 및 목적이 없이 빅데이터 분석 기법을 비즈니스에 도입하였던 경향이 존재하였는데, 많은 관련 프로젝트가 실패로 귀결되는 상황이 많이 발생하였다. 이는 빅데이터 분석이 필요한 영역 및 활용 방향에 대한 면밀한 계획이 없이 시류에 편승하여 빅데이터 분석을 도입한 데 따른 결과이기도 하다. 예전에도 데이터는 계속 존재하여 왔고, 미래에도 데이터는 계속 존재하겠지만, 데이터에서 가치를 찾아내고 통찰을 얻어내는 작업은 그냥 이루어지는 것이 아니다. 이는 빅데이터의 영역에만 적용되는 것이 아니라 모든 데이터 분석에 적용되는 것이다. 기존의 데이터와 분석 도구로 해결할 수 없는 영역에 대한 명확하고 구체적인 인식이 선행되어야만 빅데이터 분석이 가져올 수 있는 가치가 극대화될 것이다.

▶ **빅데이터 분석**big data analytics**의 목적**

분석 대상 및 영역에 따라 빅데이터 분석의 목적은 세부적으로 들어가면 차이가 있을 수 있겠지만, 고전적인 의미의 데이터 분석을 포함한 빅데이터의 분석 목적은 일반적으로 다음과 같이 정리될 수 있다.

첫째, 분석 대상 자체를 잘 이해하고 설명할 수 있도록 가공하는 것

둘째, 과거 데이터를 통해 미래를 예측하기 위한 것

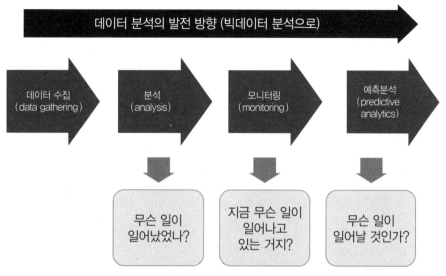

[그림 4-5] 데이터 분석의 발전 방향

　상기한 첫 번째 목적으로 빅데이터라고 불리는 수많은 데이터의 바다에서 분석 대상에 대한 유의한 정보를 효과적으로 추출하고자 하는 데 분석이 있는 것이다. 가령 기업의 마케팅 관점에서 수많은 고객들의 정형 및 비정형 데이터를 바탕으로 비슷한 부류의 사람으로 분류하여 마케팅 전략을 수립하고자 할 때 이러한 목적에 부합하는 것이다. 즉, 개별 고객을 클러스터cluster로 분류하고 그 그룹에 특화된 판촉활동을 전개할 수 있다. 또한 수백 수천 개의 변수로 이루어진 빅데이터에서 분석 대상의 특징을 잘 잡아낼 수 있는 공통적인 요인factor들을 발굴하는 것도 이와 같은 맥락에서 행해지는 데이터 분석이라고 할 수 있다.

　두 번째 목적은 사용 가능한 데이터를 바탕으로 미래에 일어날 일을 예측하는 것을 주 목적으로 한다. 예측을 위한 분석대상은 분야마다 다를 수 있다. 가령 의학 분야에서는 환자의 자기공명영상MRI 이미지 데이터를 근거로 특정 종양이 악성종양인지 양성종양인지 사전에 예측할 수 있는데 사용할 수 있고, 경제 분야에서는 축적된 데이터를 바탕으로 주요 경제지표(예: GDP성장률, 주가지수, 환율) 미래 변화 양상을 예측하는 데 사용할 수 있고, 금융 분야에서는 차입자가 미래에 채무불이행을 할지 안 할지 예측하는 데 사용하기도 하는 등 그 적용 분야는 무궁무진하다. 예

측을 목적으로 한 빅데이터 분석의 목적은 아래 식에서 주어진 데이터(X)를 가지고 우리의 관심 대상인 Y(예측 대상)를 정확하게 예측하게끔 하는 함수의 구체적인 형태, 즉 F의 구체적인 형태를 탐색하는 작업이라 볼 수 있다.

$$Y_{t+1}=F(X_t)$$

예측을 위한 빅데이터 분석의 경우 예측의 정확성accuracy이 가장 중요한 관심사가 되며, 그 예측력을 높이기 위한 방법들이 다음 장에서 기술될 인공지능/기계학습과 밀접한 관련이 있다. 즉, 실시간으로 새로운 데이터가 축적되는 데로, 예측의 정확도 향상을 위해 학습learning이 지속적으로 일어나게 되는 것이다. 이러한 지점이 전통적인 데이터 분석과 빅데이터 분석의 큰 차이점을 만드는 것이라 할 수 있다. 빅데이터 분석에서는 과거의 데이터를 잘 설명하는 것은 큰 의미를 가지지 못하고, 현재 가용한 데이터를 바탕으로 미래를 얼마나 정확하게 예측하게 하는가가 가장 중요한 이슈이다. 가령 아래 표와 같이 코로나 바이러스COVID-19 환자 정보에 대한 데이터를 가지고 있다고 가정하자.[41]

환자일련번호	성별	나이	기저질환유무	상태
1000000001	male	50	Y	사망
1000000002	male	30	N	격리해제
1000000003	male	50	N	격리해제
1000000004	male	20	N	격리해제
1000000005	female	20	Y	사망
1000000006	female	50	Y	격리해제
1000000007	male	20	N	격리해제
1000000008	male	20	N	격리해제

[표 4-1] 코로나 바이러스 감염 환자 (가상) 데이터

코로나 바이러스 관련 빅데이터 분석의 핵심적인 목표는 특정 확진자의 정보가 주어졌을 때 중증이나 사망하는 사건으로 발전하느냐 안 하느냐를 사전에 예측하고 이에 대응해 적절한 치료나 개입을 하는 것으로 요약될 수 있다. 물론 의학적인 관점에서 중증이나 사망으로의 발전 여부를 판단할 수 있겠지만, 빅데이터 분석

---

41 물론 실제 관련 데이터에는 더 많은 변수와 확진 케이스를 담고 있은 데이터일 것이다. 본문에서 제시된 표는 설명을 위해 가공된 데이터이다.

의 관점에서도 이는 가능하다. 즉, 코로나 바이러스 감염환자에 대한 다양한 정보를 토대로 사망가능 여부를 예측할 수 있는 학습 모형을 구축한 후, 새로운 감염환자에 대한 정보(나이, 기저질환 유무, 지역, 성별 등)가 주어졌을 시 그 사람의 위험 정도를 사전에 예측할 수 있게 되는 것이다. 바이러스 감염자에 대한 정보가 시간이 지나면서 축적될수록 예측 모형은 실시간으로 수정될 수 있고, 정확성을 높이는 방향으로 학습이 이루어지게 된다.

◆ **빅데이터 분석**big data analytics **관련 기술 솔루션**

과거의 데이터에 비해 빅데이터는 규모와 다양성 측면에서 압도적으로 크기 때문에 전통적인 분석 도구로 다루기에는 한계가 존재한다. 따라서 빅데이터 분석 과정에는 다양한 분야의 기술들이 서로 상호작용하는 생태계를 이룰 수 밖에 없다. 빅데이터 분석의 개괄적인 흐름은 아래 그림과 같이 표현될 수 있고, 개별 단계별로 세부 기술들이 그 역할을 하게 된다.

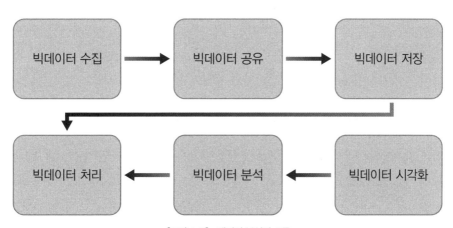

[**그림 4-6**] 데이터 분석의 흐름

데이터 수집　분석 대상에 대한 데이터를 적극적으로 수집하는 행위를 지칭하는데 사물 인터넷IoT을 이용한 정보 수집 및 온라인상의 데이터를 수집하기 위한 웹 크롤링 알고리즘web crawling algorithm 등이 사용된다.

데이터의 저장　빅데이터 분석이 용이하게 된 것은 하둡Hadoop의 개발이라고 해도 과언이 아니다. 하둡 시스템은 대용량 데이터를 작은 비용으로 처리할 수 있게 하는 시스템이며, 빅데이터 처리를 위한 표준 플랫폼(Java 기반의 Open Source 프레임 워크)으로 자리 잡고 있다. 하둡은 여러 개의 컴퓨터를 하나로 통합하여 대용량 데이터를 저장하고 처리하는 서비스를 제공하는 무료 솔루션으로서, 수천 대의 분산된 저장장치에 데이터를 저장하고, 분산된 서버의 CPU와 메모리를 사용하여 분산된 컴퓨팅하에서 대량의 데이터 분석을 가능하게끔 한다.

[그림 4-7] 하둡(Hadoop) 로고

분석analytics**과 시각화**visualization 하둡에 대항하는 빅데이터 분석 솔루션이라고 할 수 있는 스플렁크Splunk는 웹 기반의 인터페이스를 통해 다양한 소스로부터 머신데이터(각종 서버, 네트워크, IoT장비, 어플리케이션 등)를 수집하여, 저장, 분석 및 시각화할 수 있는 실시간 분산 컴퓨팅 플랫폼을 제공하는 대표적인 솔루션이라 할 수 있다. 문자와 음성을 포함한 비정형데이터까지 데이터의 포맷과 용량과 무관하게 수집하여 처리할 수 있는 기능을 갖추고 있고, 복잡한 코딩이나 외부 솔루션의 도움 없이도 빅데이터 처리의 전반적인 기능을 가능케 하는 솔루션이다.

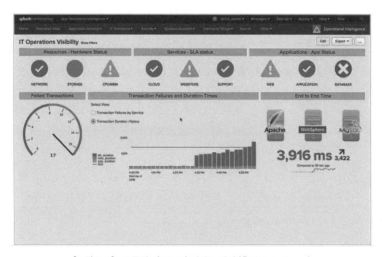

[그림 4-8] 스플렁크(Splunk) 서비스 예시 (출처: Splunk.com)

◆ 빅데이터 분석 적용 비즈니스 사례

▶ 아마존Amazon Inc.

세계적인 전자상거래 업체e-Commerce인 아마존Amazon Inc.은 다른 기업들을 대상으로 빅데이터 분석을 가능케 하는 클라우 기반 솔루션AWS을 제공하는 동시에 자사 고객들에 대한 데이터 분석을 통해 효과적인 재고관리와 매출 증대를 이끈 대표적인 기업이라 할 수 있다. 아마존이 수집하는 데이터는 단순히 온라인상에서 고객들이 남겨놓은 데이터에만 국한하지 않는다. 가령 아마존이 운영하는 무인점포인 아마존고AmazonGo의 경우 고객들이 점포에 직접 방문하여 상품을 구입할 수 있는데, 그 점포에 설치된 센서와 카메라를 통해 실제 고객들이 물리적으로 존재하는 매장에서 어떤 행동을 하는지(가령 어떤 상품을 유심히 살펴보는지)도 수집하여 고객들의 구매행동분석에 사용하고 있다. 이러한 정보들은 고객들의 여러 가지 정보(인종, 나이, 성별 등) 등과 결합하게 유의미한 마케팅 전략 수립에 활용된다. 온라인상의 고객들의 구매패턴도 역시 수집과 분석 대상이다.

또한 전자상거래 업체의 경우 효율적인 재고관리가 수익성에 큰 영향을 미치는데, 이용자들의 구매 행동에 대한 데이터 분석에 기반해 할인 프로모션 진행을 통한 재고소진 촉진, 구매패턴을 예측을 통해 재고상품의 효율적인 지리적 배분(즉, 어느 지역의 물류창고에 특정 상품을 많이 구비해 놓을지 등)을 실행한다.

[그림 4-9] 아마존고(amazonGo) 매장 내부 모습 (출처: 크리에이티브 커먼즈)

▶ **스타벅스** Starbucks

시애틀의 작은 커피숍으로 출발했던 스타벅스는 지난 30년간 세계적인 커피 전문점 회사로 성장하였다. 스타벅스의 성공요인에는 여러 가지가 있겠지만, 빅데이터도 스타벅스의 성장에 큰 기여를 한 것으로 평가되고 있다. 커피 매장의 경우 그 지리적 위치가 매장의 매출에 큰 영향을 끼치게 되는데, 스타벅스의 경우 새로운 지역에 진출하고자 할 때 해당 지역의 상권에 대해 철저히 데이터에 기반한 의사결정을 한 것으로 알려진다. 즉, 해당지역의 유동인구, 교통량, 인구 등 해당 상권에 대한 다양한 데이터에 대한 분석을 바탕으로 최적 입지에 대한 의사결정을 하는 것으로 알려져 있다. 새로운 상권에 스타벅스가 진출하였을 시 주변의 다른 스타벅스 매장에 미치는 영향도 추정하여 매장의 입지를 결정한다. 매장의 입지 선정뿐만 아니라 스타벅스 전용 어플리케이션에서 수집한 고객에 대한 데이터를 바탕으로 신메뉴 개발과 메뉴 추천도 이루어지고 있다.

[그림 4-10] 서울 소재 스타벅스 매장 분포 (출처: 스타벅스 코리아)

▶ **넷플릭스** Netflix

넷플릭스는 각종 미디어 콘텐츠를 온라인으로 공급하는 글로벌 기업이다. 초창기에는 우편으로 DVD를 판매하거나 대여하는 비즈니스를 시작하였지만, 2010년 온라인 시장으로 진출하면서 본격적으로 데이터 기반의 미디어 콘텐츠 스트리밍 기업으로 전환되었다. 넷플릭스 자체 제작 영화와 드라마는 물론 다양한 영화와 드라마, 쇼들을 스트리밍 방식으로 제공한다. 온라인으로 사업영역을 하는 시점부터 넷플릭스는 사용자에 대한 데이터 수집이 가능케 하였으며 이것이 결국 인터넷 TV의 핵심적인 기술이라 할 수 있는 고객 행동 데이터에 기반한 '추천 기능'이 가능하게 된 것이다. 많은 사람들이 넷플릭스를 통해 미디어 콘텐츠를 소비하면서, 사람들이 어느 시간에 어떤 장르의 콘텐츠를 소비하는지에 대한 미시적 데이터를 획득할 수 있게 된 것이다. 이러한 데이터를 바탕으로 고객에게 최적화된 미디어 콘텐츠를 추천하여 사용자들을 넷플릭스 구독을 계속 하도록 만드는 것이 넷플릭스가 수익을 지속적으로 창출할 수 있는 방법이다. 넷플릭스가 사용하고 있는 추천 알고리즘은 전 세계의 넷플릭스 사용자가 현재까지 축적한 데이터, 미디어 콘텐츠에 대한 평가, 구독 패턴 등 빅데이터에서 나온 산출물이라고 할 수 있다.

▶ 뱅크 오브 아메리카Bank of America

뱅크 오브 아메리카는 비즈니스 운영의 전방위적인 관점에서 빅데이터를 활용하고 있는 대표적인 기업이라 할 수 있다. 뱅크 오브 아메리카의 마케팅 전략은 이용자에 대한 데이터 분석에 기반한 '이벤트 기반 마케팅event-based marketing'으로 중심이 옮겨졌다. 사용자가 어떤 채널(지점방문, 온라인 뱅킹 등)을 통해 은행과 접촉하더라도 고객의 성향에 부합하고 구매할 가능성이 높은 금융상품(주택담보대출, 신용카드 등)을 주력으로 판촉활동을 한다. 따라서 고객이 지점에 방문해서 은행 직원과 상담을 한다면, 고객에게 가장 매력적일 것 같은 금융상품에 대한 정보가 자동으로 전송되며 은행 직원은 이 정보를 바탕으로 마케팅 활동을 펼칠 수 있다. 고객맞춤별 주력 상품군은 고객이 어느 채널을 이용하더라도 일관성을 유지하고 있는 것이 주요 특징이다.

리스크 관리 측면에서도 빅데이터의 활용은 은행의 유무형적 비용을 크게 낮춘 것으로 평가되고 있다. 금융회사들은 정기적으로 대출자에 대한 부도확률default probability을 계산하게 되어 있는데, 과거에는 외부에서 제공되는 부도확률 예측 모형에 의존하여 부도확률에 따른 대출 포트폴리오의 위험도를 추정하였다. 하지만 최근엔 병렬 컴퓨팅parallel computing에 기반한 전용 컴퓨팅 플랫폼을 도입함으로써 1억 건 이상의 대출계정으로 이루어진 포트폴리오의 위험도를 계산하는 시간을 96시간에서 1시간으로 단축시켰다. 이러한 전환은 은행으로 하여금 신용위험관리 측면에서 더 높은 효율성을 달성하게 하고 빠른 의사결정을 가능하게 한다.

▶ IBM Watson Health

의료 산업은 빅데이터의 가능성이 극대화될 수 있는 대표적인 분야로 꼽힌다. 빅데이터 활용을 통해 병원 운영 효율성 증대, 정확한 진단 및 의료 비용의 감소 등을 촉진할 수 있을 것으로 기대된다. 의료 분야의 대표적인 데이터 분석 플랫폼 서비스를 제공하고 있는 기업이 IBM의 Watson Health이다.

Watson Health 시스템은 특정 질병과 관련된 방대한 데이터(과거 다른 환자의 정보, 의학논문, 의학교과서, 의약품 정보)를 바탕으로 질병 발생의 원인, 특정 환자에 대한 적합한 치료 방법에 대한 여러 가지 옵션 및 가이드라인을 의사들에게 제공할 수 있다. Watson Health 시스템은 인공지능 기반의 시스템인데 실제 의료기관[42]의 의사들로부터 학습이 이루어졌다.

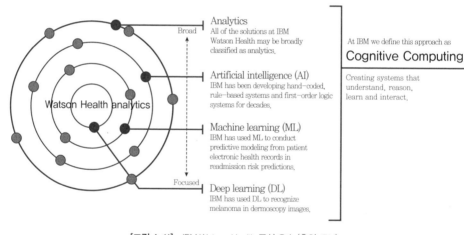

[그림 4-11] IBM Watson Health 구성 요소 (출처: IBM)

만약 어떤 환자가 암으로 진단되었다고 한다면, 이를 진료한 의사는 해당 환자에 대한 의료 정보를 시스템에 등록하기만 하면 Watson Health가 집적해 놓은 해당 질병 관련 방대한 데이터를 바탕으로 그 환자에게 적합한 치료 방법을 제시해

---

42 Memorial Sloan Kettering Cancer Center

주는 방식으로 활용되고 있는 것이다. Watson Health는 의사들의 스마트폰이나 태블릿에서도 구동이 가능하여 접근성이 아주 높은 빅데이터 분석 서비스라고 할 수 잇다.

▶ 레크테크RegTech

레그테크RegTech란 규제regulation와 기술technology의 합성어로써 정보통신기술ICT 기술을 활용하여 기업(금융회사)의 규제당국이 부여하는 규제 준수 및 준법감시, 운영위험 관리를 효율화하게끔 하는 일련의 데이터 기반 서비스라고 정의될 수 있다. Quantex의 경우 금융회사가 보유하고 있는 광범위한 고객 데이터(고객들 간의 인적 네트워크에 대한 데이터도 포함)를 바탕으로 자금세탁money laundering 방지와 관련된 금융회사의 운영을 인공지능에 기반하여 지원하고 있다. 시장에서 일어나고 있는 고객들의 각종 거래 기록들을 실시간으로 분석에 반영한 서비스를 제공한다.

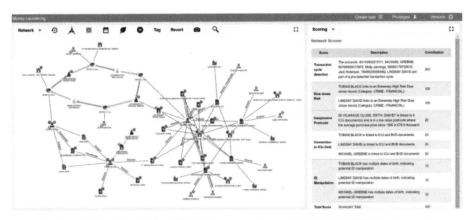

[그림 4-12]   네트워크 기반의 고객알기제도(Know Your Customer) 지원 시스템 (출처: Quantexa.com)

◆ 빅데이터의 미래

서문에서 강조되었던 바와 같이 미래 경제시스템의 가치 창출에 가장 핵심적인 역할을 하는 것이 다양한 원천에서 수집된 데이터일 것이다. 즉, 4차 산업혁명은 일종의 데이터혁명이라고 보아도 과언이 아니다. 많은 비즈니스 현장에서도 빅데이터 분석이 전략 수립 및 의사결정 과정에서 보조적인 역할을 하는 데 그치지 않고, 새로운 비즈니스 모형 및 서비스의 개발 등 주도적인 역할을 해나갈 것으로 기대된다. 빅데이터는 기존의 비즈니스 모델이 해결해 주지 못하고 있는 문제, 즉 소비자들의 충족되지 못하는 수요와 공급자 간의 공급 능력 사이의 간극을 좁히는 데 중요한 기능을 할 것으로 생각한다. 지금까지의 빅데이터 분석은 서로 연결된 네트워크상에서 형성된 사용자의 디지털 족적digital footprints을 바탕으로 소비자 행동 분석을 통한 마케팅 전략에 많이 사용되고 있지만, 빅데이터 분석의 적용 분야는 마케팅 영역 이외에 다른 영역으로도 빠르게 확장되어 갈 것이다.

하지만 데이터가 무작정 많다고 해서 항상 좋은 결과를 보장하는 것도 아니고, 반대로 데이터의 양이 적다고 해서 나쁜 결과를 가져온다고 단언할 수 없다. 개별적인 비즈니스 현장에서 해결하고자 하는 문제의 성격, 추구하는 목표에 따라 빅데이터 분석이 가져올 수 있는 부가가치가 달라질 수 있다. 따라서 비즈니스의 성격 및 적용 분야의 특징에 따라 빅데이터 분석의 중요도를 달리하여 사용할 필요가 있다.

또한 일각에서는 빅데이터 혁명으로 인해 노동시장에서 인간이 소외되는 것을 걱정하기도 한다. 즉, 인공지능을 통한 공정이나 사무 처리의 자동화로 인해 일부 직종에서는 인간의 노동력이 빠르게 대체될 수 있다는 것이다. 실례로 많은 기업들이 챗봇chatbot을 도입하여 고객상담의 역할을 컴퓨터 알고리즘이 담당하게끔 하는 추세로 옮겨져 가고 있다.[43]

이런 추세에도 불구하고 비즈니스 현장의 모든 영역이 로봇이나 인공지능 기반 알고리즘으로 대체되기는 어려울 것이다. 알고리즘의 하부 구조를 설계하는 것은 결국은 인간이 담당해야 할 것이며, 데이터 분석의 결과를 해석하고 그것에서 통찰을 얻는 것은 결국은 인간이 담당해야 할 것이기 때문이다. 따라서 4차 산업혁명 시대를 성공적으로 대비하기 위해서는 각종 데이터를 수집, 가공 및 분석할 수 있는 능력은 물론 비즈니스 환경 및 소비자 행동 변화에 대한 통찰력을 가져야 한다.

......
43 챗봇의 업무효율도를 높이기 위해서는 이전의 많은 상담 관련 데이터가 구축된 것을 바탕으로 학습이 일어나야 한다.

05

인공지능과 머신러닝
Artificial Intelligence & Machine Learning

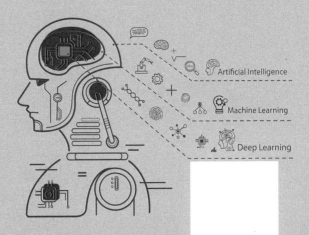

◆ 이제는 일상에 깊숙이 스며든 인공지능

지난 2019년 12월 제53회 국무회의에서 인공지능은 가장 큰 관심을 불러일으켰다.[44] 향후 10년간 4차 산업형명의 핵심기술로서 국가적인 차원에서 인공지능을 발전시켜나가겠다는 국가 전략이 발표되었던 것이다. 이로 인해 인공지능에 대한 사람들의 관심은 더욱 불을 지피게 되었다. 우리는 현대사회에서 인공지능이란 말을 이미 흔하게 접하면서 살고 있다. 언제쯤부터 이러한 용어를 자주 듣게 되었을까? 많은 이들이 2016년 알파고와 이세돌의 대국을 기억할 것이다. 이 흥미진진한

세기의 대결로 인해 인공지능이 세상에 크게 화제가 된 바 있다. 바둑 최강자인 이세돌 9단을 인공지능이 격파했을 때 세상은 놀라움을 금치 못했고, 인공지능을 잘 모르던 사람들도 인공지능이 얼마나 발전되었고 인간을 능가할 수 있는 경지에까지 왔는지 뼈저리게 실감할 수 있었다. 이러한 물살에 휩쓸려 세상에 인공지능을 활용한 수많은 제품 및 서비스들이 출시되었고, 각종 매체를 통해서 인공지능이란 단어를 익숙하

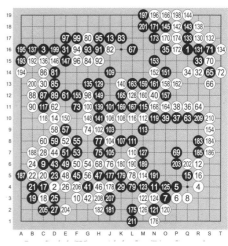

[그림 5-1] 이세돌(백) 대 알파고(흑)의 2번째 대국
(출처: 크리에이티브 커먼즈)

게 듣게 되는 시대가 도래하였다. 이제는 우리의 일상생활에서 인공지능은 알게 모르게 깊숙이 자리매김해 있다.

많은 사람들이 하루에도 수십 번 스마트폰의 얼굴 인식 기능을 이용하여 자신의 스마트폰 기기를 엑세스 한다. 자연스러운 일상의 일부가 되어버린 이런 기술에도 역시 인공지능이 내재되어 있다. 애플의 페이스 ID의 경우 사용자 얼굴을 30,000개 이상의 점으로 스캔하고 데이터를 저장한다.[45] 이를 통해 스캔한 얼굴과 등록된 얼굴이 매칭하는지를 빠른 속도로 연산하여 비교하게 된다. 이때 얼굴인식 판단에 인공지능이 활용되는 것이다. 그렇다면 어떻게 인공지능은 똑똑하고 빠르게 얼굴 인식을 할 수 있는 것일까? 이러한 성능에는 '학습'이라는 절차가 깊게 자리하고 있다. 애플 사의 얼굴인식 인공지능의 경우 10억 개의 얼굴 샘플로 인공지능을 학습 시켰다고 한다. 이러한 방대한 데이터로 인해 애플 사의 얼굴인식은 사용자가 핸드폰을 정면으로 굳이 보지 않고 편하게 바라만 봐도 자연스럽게 얼굴을 인식하는 경지에 이르렀다. 이것은 단지 한 가지 예에 불과하며 스피커, 청소기, 심지어 에어컨까지 우리의 일상 제품들에 인공지능은 이미 깊숙이 스며들어 있다. 우리는 매일 인공지능 제품 및 서비스를 자연스럽게 체험하고 있지만 인공지능이 무엇인가에 대해 물어본다면 선뜻 대답하기가 어려울 것이다. 그렇다면 지금부터는 인공지능의 정의에 대해서 간단하게 이해하고 넘어가 보도록 하자.

[그림 5-2] 애플 페이스ID (출처: 게티이미지뱅크)

• • • • • •
45 https://support.apple.com/en-us/HT208108

◆ 인공지능이란 무엇일까?

인공지능이란 말을 문자 그대로 해석해 보면 인간의 지능을 인공적으로 구현해 낸 것이라고 할 수 있을 것이다. 사실 인공지능이란 개념은 우리가 컴퓨터를 발명한 시점부터 자연스럽게 잠재되어 있었다고 해도 과언이 아니다. 컴퓨터가 탄생한 시점부터 지금까지 우리는 보다 똑똑한 컴퓨터를 만들려고 노력해왔다. 여기서 더 나아가 우리는 컴퓨터가 인간과 같은 지능을 가지고 일을 처리해 주길 바라게 되었다. 이러한 컴퓨터를 우리는 인공지능 컴퓨터라고 한다. 인공지능 컴퓨터는 인간이 하던 일들을 자동화 처리할 수도 있고, 스스로 의사결정을 내릴 수 있으며, 인간과 같이 사회적 상호작용을 할 수도 있다. 현대사회에서 인공지능의 도움으로 인간은 더욱더 편리한 생활을 보장받을 수도 있고, 인공지능은 빠르고 정확한 일처리로 인해 기업에 막대한 비용절감을 가져다 주기도 한다. 앞으로 인공지능이 더 발전하면 인간과 같은 감정과 사랑도 느끼게 되어 인간과의 혹은 인공지능 간의 정서적 교감 및 관계가 형성될 지도 모른다. 우라사와 나오키의 만화 '플루토'[46]의 경우 로봇은 매우 발전된 인공지능에 의해 육안으로 봤을 때 인간과의 차이를 느끼기 힘든 수준까지 오른다. 이렇게 매우 발전된 로봇들은 결혼, 사랑도 가능하고 사랑하는 사람을 잃었을 때 흐느껴 울기까지 한다. 현재로서는 만화에나 있을 법한 이야기로 들리지만, 이러한 스토리가 내포하는 것은 인공지능에도 발전 정도에 따라 여러 분류가 있다는 것이다. 그렇다면 지금부터는 인공지능의 종류에 대해서 알아보도록 하자.

◆ 인공지능에도 종류가 있다?

앞서 인공지능이란 인간의 지능을 인공적으로 구현해 낸 것이라고 언급한 바 있다. 이러한 인공지능은 지능 수준에 따라 여러 종류로 나뉠 수 있다. 즉, 약인공지능, 강인공지능, 초인공지능이라는 세 분류가 이론상 존재한다. 약인공지능은 말 그대로 약한 인공지능이라고 이해할 수 있다. 어떻게 보면 인공지능이 사고할 수 있는 범위가 좁은 형태라고 할 수 있는데, 우리 삶의 대다수를 차지하는 제품 및 서비스 등이 이에 해당된다고 할 수 있다. 예를 들면 인공지능이 탑재된 로봇

------

46 2005년 데즈카 오사무 문화상 대상을 수상한 바 있다. 세계 7대 로봇과 로봇학자들의 미스터리한 살인사건을 풀어나가는 SF 만화이다.

청소기의 경우 인간의 발과 문턱을 구분해 낼 수 있다.[47] 인공지능은 청소기의 카메라 및 레이더 센서를 통해 방대한 양의 인간 발 모양을 학습하게 되고, 실제 청소 시 인간 발이 나타나게 되면 대기하거나 이를 피해가게 되는 것이다. 이와 같은 인공지능의 지능 수준은 '유인원', '어린이', 혹은 '돌고래' 수준으로 평가되기도 한다. 즉, 이러한 약인공지능은 명확하게 정의된 업무에 대해서는 학습 및 판단이 가능하지만 지능수준 및 사고의 적용 범위를 인간과 동등하게 비교하기에는 아직 한계가 있다고 볼 수 있다. 그렇다면 강인공지능의 경우 약인공지능에 비해 얼마만큼의 발전된 수준을 보여 줄 수 있을까?

[그림 5-3] 인공지능 로봇 청소기 (출처: 게티이미지뱅크)

강인공지능은 문자 그대로 강한 인공지능으로 컴퓨터 및 기계가 스스로 사고하며 문제를 해결할 수 있는 능력이 있다. 더 놀라운 점은 기계가 스스로를 인식하는 지각 능력이 있고, 자체적으로 진화를 거듭해 나갈 수 있는 것이다. 앞서 언급한 약인공지능보다 확연히 진화된 형태라는 것을 알 수 있다. 그렇다면 이러한 강인공지능의 예를 주변에서 찾아볼 수 있을까? 영화, 만화, 공상과학 소설 등에서는 우리가 이미 접한 바 있다. 예를 들어 영화 'Her'[48]의 인공지능 사만다는 주인공과 교감하며 사랑에 빠지기도 한다. 즉, 인간의 감정을 이해할 수 있고 진정한 대화가 가능하다는 것이다. 이러한 강인공지능 사만다는 현실적으로 구현하기에는 상당한

•••••
47 LG전자 '로보킹 터보플러스' 모델의 내용에 근거하고 있다.

48 스파이크 존즈 감독의 영화로 미래 도시에서 인공지능체계와 사랑에 빠지게 된 남자의 이야기를 다루고 있다.

어려움이 따른다. 예를 들면, 인공지능이 사용자와의 추억과 경험을 시간에 따라 누적학습해야 하며, 그를 통해 매일 매일 이루어지는 대화에 자연스럽게 녹아들 수 있어야 한다.[49] 현재 존재하는 로봇들이 매일 비슷한 형태의 획일적인 질문 및 인사 "안녕하세요. 무엇을 도와 드릴까요?"를 하는 것과는 대조적이다. 또한 사용자의 언어, 얼굴 표정, 몸짓 등의 다양한 요소를 분석하여 사용자가 어떠한 심리적 상태 인지도 효과적으로 판단할 수 있어야 한다. 이렇게 인간의 자연스러운 친밀감 형성과 같은 행동양식을 인공지능이 구현해 내기 위해서는 많은 변수와 방대한 데이터들을 고려해야 하는 것이다. 그렇다면 이러한 영화 내용을 뛰어넘어서 현재 세상에 강인공지능 수준을 구현해 내는 로봇 혹은 소프트웨어가 실제로 존재할까?

[그림 5-4] 영화 Her의 인공지능 사만다

현재 IBM에서 개발한 왓슨Watson이 강인공지능에 가장 근접해 있다고 불리운다. 지난 2011년 왓슨이 미국의 유명한 퀴즈쇼 '제퍼디[50]'에서 인간을 압도적인 차이로 이기고 우승하면서 높은 수준의 인공지능이 등장하였음을 대중에 알렸다. 그후 왓슨은 얼마나 더 발전하였을까? 왓슨은 의료분야에까지 발을 넓혔다. 2016년에 왓슨이 인천 가천대학교 길병원에 암진단을 목적으로 도입되었을 때 사람들은 왓슨이 기존 의사들을 대체하거나 혹은 능가할 수도 있다는 커다란 기대를 품었다. 하지만 실제로 적용해 본 결과 왓슨과 의사와의 의견 일치율은 기대보다 높지 않았

- - - - -
49   저스틴 카셀 카네기멜론대학교 컴퓨터공학부 교수의 의견에 근거한다.
50   소니 픽쳐스에서 제작하는 미국의 장수 퀴즈쇼로 최근에는 방탄소년단의 문제도 출제된 적 있다.

고 점차 의료업계에서 외면받게 되었다. 이러한 사례로 미루어볼 때 강인공지능으로 도달하기 위해서는 아직 해결해야 할 숙제들이 많이 남아 있는 것으로 보인다. 이러한 현 상황에서 인공지능의 마지막 종류인 초인공지능은 이론상으로만 가능한 지능이라는 것을 예상할 수 있을 것이다. 끝으로 초인공지능은 강인공지능과 어떠한 차이가 있는 지 알아보도록 하자.

[그림 5-5] 왓슨 제퍼디 퀴즈쇼 (출처: 크리에이티브 커먼즈)

초인공지능은 강인공지능에서 더 진화한 형태로 인간을 훨씬 뛰어넘는 지성과 사고를 가지게 될 것이라 보고 있다. 이는 곧 인간을 위협하는 존재로 자리매김 할 수도 있다는 것이다. 이러한 우려는 스티븐 호킹, 빌 게이츠, 엘론 머스크도 언급한 바 있다.[51] 예를 들면 인간의 일자리를 완전히 대체하게 되거나 공격성이 강한 기계가 인간을 지배할 가능성에 놓이게 되는 것이다. 영화 '터미네이터 제니시스'에서는 인공지능 프로그램이 인간을 적으로 인식하게 되어 로봇을 생산하여 인간을 멸망시키려 한다. 인간이 설계한 인공지능이 이렇게 의도한 바와 다르게 인류를 파괴할 수도 있는 것이다.

이러한 것을 기술의 변곡점singularity이라고 한다. 즉, 인공지능의 진화가 너무나 급격하여 미래의 예측이 어려워지는 것이다. 대략 100년 전쯤에 라이트 형제에 의해 비행기가 처음으로 탄생하였지만, 지금의 인류는 화성을 정복하려는 수준에 이르렀다. 이러한 기술의 기하급수적 성장을 보았을 때 앞으로 50년 이내에 초

•••••
51 엘론 머스크는 인공지능을 인류 멸망의 가장 큰 위협이라고 언급한 적 있다.

인공지능이 탄생하는 것은 그리 불가능한 일이 아닐 지도 모른다. 그렇다면 어떻게 인공지능을 효과적으로 통제해야 인간과 양립해 나갈 수 있을까? 초인공지능은 인간보다 월등히 앞선 존재이기 때문에 이를 통제하기는 쉽지 않을 것이라는 예측도 나오고 있다. 그렇다면 초인공지능의 개발 자체를 진행하지 말아야 하는 것일까? 정확한 답을 현재로서는 찾기 어렵다. 초인공지능의 탄생이 인류에게 한차원 다른 수준의 삶을 제공할 지 인류멸망의 가장 큰 위협이 될 지는 아직 아무도 알 수 없으며 인류에게 주어진 중요한 과제라 할 수 있다. 지금부터는 이렇게 우리의 현대사회와 미래사회에 큰 영향력을 행사하고 있는 인공지능이 어떻게 탄생하고 발전되어 왔는지에 대해 다루어보도록 하자.

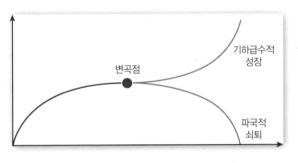

[그림 5-6] 인공지능 기술의 변곡점

◆ **인공지능은 어떻게 발달해 왔을까?**

인공지능은 비교적 짧은 역사의 학문임에도 불구하고 현재와 미래사회에 큰 영향력을 행사하고 있다. 인공지능이란 개념은 대체 언제쯤부터 생겨나게 된 것일까? 1950년경 영국 수학자 앨런 튜링의 논문에 의해서 인공지능이란 역사의 서막을 알리게 된다.[52] 그가 게재한 '계산 기계와 지성' 논문에서 그는 컴퓨터의 반응을 인간의 반응과 구분해 낼 수 없다면 컴퓨터가 스스로 사고할 수 있는 지능을 갖추고 있는 것이라고 주장하였다.[53] 그는 또한 50년 뒤인 2000년대에는 인간이 텍스트

---

[52] 천재 수학자 앨런 튜링은 영화 '이미테이션 게임'을 통해서도 대중들에게 널리 알려진 바 있다.

[53] Turing, Alan M. "Computing machinery and intelligence." Parsing the turing test. Springer, Dordrecht, 2009. 23-65.

로 대화를 한 뒤, 기계와 대화를 했다는 것을 눈치
채지 못하는 것이 가능할 것이라고 예측하였다.
이러한 흥미 있는 개념은 많은 후대 과학자들의
도전의식을 자극시키게 되었고 과학자들은 더욱
구체적인 실험 방법을 고안하게 되었으며 그의 이
름을 따서 이러한 실험을 '튜링 테스트'라고 부르
게 된다.

[그림 5-7] 앨런 튜링

　　튜링 테스트의 조금 더 구체적인 실험 방법에
대해 알아보도록 하자. 심판은 컴퓨터 2대가 설치
된 방에 들어가게 된다. 하나의 컴퓨터는 인간에
의해서 조작되고 나머지는 컴퓨터 스스로에 의해
조작되게 된다. 심판은 물론 이러한 정보를 알 수 없으며 각각의 컴퓨터와 텍스트
채팅을 통해 대화를 나누게 된다. 채팅은 각각 5분 동안 이루어지게 되며 심판은
더 자연스럽게 대화가 진행된 쪽이 인간이라고 판단해 선택을 하게 된다. 이때 심
판진 중 30% 이상이 컴퓨터와의 대화를 인간으로 착각하게 되면 인공지능을 가진
것으로 인정받게 되는 것이다. 이러한 흥미있는 실험의 결과는 그동안 어땠을까?
놀랍게도 이러한 튜링 테스트 통과는 과학자들에게 거대한 장벽이었고 오랜시간동
안 아무도 이 테스트를 통과하지 못하였다.

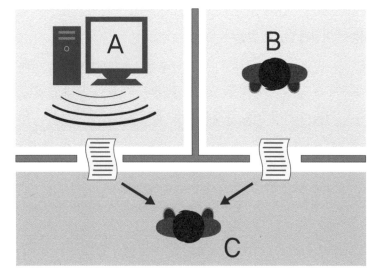

[그림 5-8] 튜링 테스트

그러던 2014년에 앨런 튜링의 이론이 세상이 알려진 후 65년만에 최초로 튜링 테스트를 통과하는 컴퓨터가 나타나게 된다. 이 컴퓨터의 이름은 유진 구스트만Eugene Goostman이었다.[54] 유진 구스트만은 우크라이나에 사는 13세 소년이고 영어가 모국어가 아닌 것으로 처음에 자기를 소개하였으며, 심판진 25명 중 33%가 이 유진 구스트만을 인간이라고 착각하였다. 튜링 테스트를 최초로 통과한 인공지능으로 많은 이들의 찬사를 받았으나 일각에서는 유진 구스트만을 단순한 채팅 로봇 수준이라는 회의적인 의견들을 내놓기도 하였다. 특히 영어가 모국어가 아닌 13세 소년으로 설정을 잡았다는 것에 제대로된 평가가 제한적일 수 밖에 없었다는 비판도 있었다. 앨런 튜링의 인공지능 개념으로 돌아가 보면 '스스로 생각할 줄 아는' 능력이 기계에 내재되어 있어야 한다. 튜링 테스트를 벗어나 이 유진 구스트만과 매일 편하게 대화하였을 경우 이 유진 구스트만을 인간이라고 느끼기에는 아무래도 무리가 있을 것이다. 이러한 점을 미루어봤을 때 인간다운 대화를 구현한다는 것은 컴퓨터의 메모리와 연산 작용을 향상시키는 것을 넘어서 인간의 사고능력이란 무엇인가에 대한 더 깊은 고찰을 요구로 한다는 것을 알 수 있다. 논란이 있었던 결과였지만 튜링 테스트가 많은 과학자들에게 인간의 사고에 대한 정의와 이를 구현해내는 방법론에 대해 고찰하는 기회의 장을 제공하였음은 높이 인정할 수 있다.

[그림 5-9] 유진 구스트만

---

54 2001년 러시아 태생의 3명의 개발자들에 의해서 탄생하였다.

◆ 인공지능, 머신러닝, 딥러닝?

지금까지 인공지능의 개념과 발달과정에 대해서 짚어보았다. 인공지능 외에도 머신러닝이나 딥러닝이라는 용어를 같이 들어본 경험이 있을 것이다. 그렇다면 머신러닝과 딥러닝은 인공지능과 어떠한 관계가 있는 것일까? 머신러닝(기계학습)과 딥러닝(심층학습)은 인공지능의 하위 개념이라고 볼 수 있다. 보다 정확히 말하자면 인공지능의 하위개념은 머신러닝, 머신러닝의 하위 개념은 딥러닝이라고 할 수 있다. 그렇다면 먼저 머신러닝에 대해서 조금 더 자세히 알아보도록 하자.

[그림 5-10] 인공지능, 머신러닝, 딥러닝 관계

머신러닝은 인공지능의 하위 개념으로 인공지능을 구현해 내는 구체적인 접근 방식 중 하나라고 볼 수 있다. 즉, 알고리즘을 통하여 데이터를 학습하고 이를 통해 새로운 상황에 대한 판단 및 예측을 하게 되는 것이다. 간단한 예를 들어보도록 하자. 가끔씩 멜론 플레이어를 사용하다보면 추천음악들이 본인의 취향과 잘 맞아 깜짝 놀라는 경험을 해본 적이 있을 것이다. 그렇다면 멜론에서 음악을 어떻게 추천하는 것일까? 아무래도 개인의 과거 사용이력이나 청취 목록 등의 자료를 토대로 유사한 곡을 추천할 가능성이 높을 것이다. 머신러닝은 여기서 더 나아가 음원 자체의 신호를 분석하여 더욱 다양하고 정확한 추천곡들을 사용자에게 제공하게 된다.[55] 이를테면 음원 신호(시간, 주파수)를 쪼개어 보컬, 키보드, 드럼, 기타 등의 다

......
55 카카오의 인공지능 추천 엔진을 활용하고 있다. 참고로 카카오는 지난 2016년 멜론을 운영하던 로엔엔터테인먼트를 인수한 바 있다.

른 패턴을 끄집어 내게 되고 이를 숫자화하여 분석한다. 사용자가 좋아하는 노래와 분석하는 노래의 숫자값이 비슷하면 해당 음원을 추천하게 되는 것이다. 이렇게 음원 1곡을 분석하는 데 걸리는 시간은 약 3초 정도 밖에 소요되지 않아서, 수많은 최신곡들을 무리없이 분석할 수 있다. 그렇다면 인공지능 개발 방법에는 머신러닝만 있는 것일까?

머신러닝이 각광을 받기 이전 인공지능의 주 개발 방법은 프로그래밍이었다. 즉, 인간의 지식을 바탕으로 규칙을 미리 정의하고, 이를 데이터와 함께 컴퓨터가 이해하기 쉬운 방식(기호의 조합)으로 넘겨주는 지식처리형 작업 방식이었다. 하지만 머신러닝은 이와는 다른 접근 방식을 보인다. 인간이 데이터와 결과값을 제공하였을 때 컴퓨터가 그를 토대로 공통 성질 및 패턴을 학습하고 발견해 나가는 체계라고 할 수 있다. 어떻게 보면 프로그래밍은 주입식 교육의 형태인 것이고, 머신러닝은 스스로 학습하게 하는 형태라고 할 수 있다. 그렇다면 이러한 머신러닝은 기존의 프로그래밍에 비해 어떠한 장점이 있는 것일까?

인간이 직접 복잡한 수식 및 규칙(프로그래밍)을 개발할 필요 없이 머신러닝은 스스로 학습을 통해 규칙을 파악해 낼 수 있다. 예를 들면 인간의 걷기와 달리기를 속도 데이터를 통해서만 분류해 내는 것이 문제라고 가정해 보자. 이를 기존의 프로그래밍으로 접근한다면 속도와 걷기, 달리기 간의 관계를 인간이 수식으로 정립해야 할 것이다. 이러한 관계를 수식으로 만드는 것은 언뜻 보면 단순할 것 같지만 개개인의 건강상태, 연령, 주변 환경(바람, 노면) 등 다양한 변수를 고려해야 하기 때문에 좀처럼 쉬운 작업이 아니다. 아마도 정확한 결과를 도출하기 위해서는 수백 줄 혹은 수천 줄의 코딩이 요구될지도 모른다.

이를 머신러닝을 이용해서 접근하다고 가정해 보자. 처음에는 다양환 환경에서 걷기와 달리기를 한 수백 명 혹은 수천 명의 속도 데이터가 필요할 것이다. 하지만 충분한 양의 데이터가 쌓이게 되면 머신 러닝

[그림 5-11] 걷기와 달리기

은 개개인의 걷기와 달리기 차이를 인식할 수 있고, 주변환경에도 걷기와 달리기가 어떻게 변화하는 지를 학습하게 되어 최종적으로 속도의 정보만으로도 걷기와 달리기를 판별해 낼 가능성이 있다. 특히 머신러닝은 많은 데이터가 점점 축적될수록 학습능력이 올라가고 더욱 정확한 판단을 해낼 수 있게 된다. 이렇게 머신러닝은 기존의 프로그래밍 방법에서 벗어나 데이터에 더욱 의존하는 새로운 문제해결 방식을 제시한다. 그렇다면 딥러닝은 머신러닝과 어떠한 차이점이 있을까?

딥러닝은 머신러닝의 하위 개념으로 수많은 모의실험과 시행착오를 통해 스스로 학습을 해 나가는 체계라고 할 수 있다. 이때 인공신경망artificial neural network을 주 기반으로 강화학습을 해 나간다. 그렇다면 먼저 인공신경망이란 무엇일까? 인공신경망이란 인간의 학습방법을 모방하여 인간의 뇌처럼 작동하기 위해 만든 알고리즘을 말하는데 제대로 된 학습을 위해서는 역시 많은 양의 데이터가 필요하다.

조금 더 쉬운 예를 들어서 인공신경망의 기본 원리를 이해해 보도록 하자. 인공신경망을 통해 동그라미와 세모를 구분한다고 가정해 보자. 이때 인공신경망 네트워크의 입력층input layer은 입력자료를 받아 들이고 출력층output layer은 예측값을 산출해 낸다. 입력층과 출력층 사이에 은닉층hidden layer이 존재하는데 이는 1개의 층부터 여러 개의 층도 될 수 있으며 대부분의 연산작용을 담당하게 된다. 동그라미 그림이 데이터로 주어지게 되면, 동그라미를 구성하는 각각의 픽셀 값이 입력층 노드들로 입력되게 된다. 입력층은 그 다음 은닉층과 연결되게 되는데 이러한 과정에서 가중치를 산출하게 된다. 여기서 연산과정에 의해 어떠한 노드가 더욱 더 활성화되는지를 찾아내게 된다. 이렇게 선별된 활성화된 노드들은 다음 은닉층과 또다시 연결되어 연산을 수행하게 되고 최종적으로 동그라미와 세모에 대한 확률값을 각각 출력하게 되는 것이다.

하지만 여기서 끝이 아니다. 만약 실제 동그라미를 인공신경망이 잘못해서 세모라고 출력했을 경우를 가정해 보자. 이러한 경우 예측값과 실제값의 차이의 정도에 따라 이러한 에러를 줄이기 위해 수정값을 제시하게 된다. 이러한 학습과정이 네트워크에서 다시 역방향backpropagation으로 진행되는 것이다. 이러한 전방향forward propagation과 역방향 전파를 무수히 반복해 내면서 실제로 높은 확률로 동그라미를 판별해 내게 되는 것이다. 그렇다면 다시 원래의 질문으로 돌아가 머신러닝과 딥러닝은 어떠한 차이점이 존재할까?

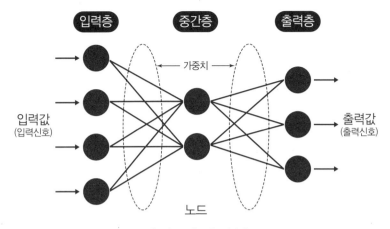

입력층　　　　중간층　　　　출력층

가중치

입력값
(입력신호)

노드

출력값
(출력신호)

[그림 5-12] 인공신경망

머신러닝과 딥러닝의 차이를 이해하기 위해 개과 고양이 이미지를 분류하는 예시를 사용해 보도록 하자. 인간처럼 개와 고양이의 이미지를 보고 정확하게 판별해 내는 것이 목표라고 가정하자. 먼저 인간은 개와 고양이를 어떻게 구분할 수 있는 것일까? 개와 고양이는 각각 수십 개에서 수백 개의 종이 존재하고 같은 종 안에서도 다양한 모습들이 존재한다. 아마도 어린 아이에게 여러 장의 개와 고양이 사진을 보여주었을 때 경우에 따라서는 이를 제대로 구분하지 못할 수도 있을 것이다. 인간은 살면서 수없이 많은 개와 고양이의 모습을 무의식적으로 보게 되고 이러한 누적된 경험으로 인해 개와 고양이를 구분할 수 있는 능력이 더욱 높아진다고 할 수 있다. 그렇다면 같은 논리를 기계에게 적용할 수 있을까? 기계에게 수없이 많은 개와 고양이의 사진을 보여주었을 때 기계는 최종적으로 이를 명확히 구분해 낼 수 있을까?

[그림 5-13] 개와 고양이 사진 (출처: 게티이미지뱅크)

이때 머신러닝과 딥러닝은 다른 접근법을 사용해서 목표에 도달하게 된다. 머신러닝의 경우 인간의 개입이 먼저 필요하다. 예를 들면 각각의 개와 고양이 그림에 특징이 되는 고양이 수염, 강아지 코와 같은 특정 영역들을 인간이 표시하고 머신러닝이 이를 학습하도록 도와주는 것이다. 이와 같은 절차를 '레이블링'이라고 한다. 이러한 학습을 바탕으로 머신러닝은 새로운 이미지를 봤을 때 개인지 고양이인지를 스스로 판별하게 되는 것이다. 이러한 방법을 지도학습supervised learning이라고 한다.

[그림 5-14] 머신러닝을 통한 개와 고양이 구분

그렇다면 딥러닝 방법은 어떠한 차이점이 있을까? 가장 큰 차이점은 인간의 개입이 배제되는 비지도학습unsupervised learning이 가능해 진다는 것에 있다. 즉, 딥러닝의 경우 문제의 성격에 따라 지도학습이나 비지도학습을 요구하는 문제 모두에 적용될 수가 있는 것이다. 본 예제에서는 딥러닝의 비지도학습에 대해서 중점적으로 다루어 보도록 하겠다. 딥러닝의 비지도학습을 사용하는 경우 인간의 사전 작업(개와 고양이의 특정 영역 표시) 없이 개와 고양이 사진을 그대로 입력 데이터로 제공하게 된다. 이때 딥러닝은 수많은 시행 착오를 통해 개와 고양이의 어떠한 형태들이 이들을 구분할 수 있는지 판별해 나가는 것이다. 이렇게 인간의 도움 없이 개와 고양이를 구분해 내기 위해서는 머신러닝 방법에 비해서 방대한 양의 학습 데이터와 연산 능력이 높은 컴퓨터가 필요하다. 또한 복잡한 연산 모델로 인해 계산 과정이 블랙박스화되어 어떻게 정확한 결과를 도출했는지 이해하기 힘든 경우가 많다. 이러한 딥러닝 방법은 때로는 인간과는 매우 다른 창의적인 결과를 도출하기도 하고, 인간한테는 쉬운 문제를 어려워 하거나 혹은 반대로 인간이 어려워하는 문제를 쉽게 풀어버리는 경우도 생기게 된다. 하나의 재밌는 사례로 한때 딥러닝이 초코 머핀과 치와와 사진을 구별해 내지 못한다고 하여 화제가 된 바 있다. 지금부터는 딥러닝을 대중에 널리 알리게 된 알파고의 사례에 대해 더 살펴보도록 하자.

[그림 5-15] 치와와 머핀 (출처: 게티이미지뱅크)

◆ 알파고를 구성하는 딥러닝 기술

알파고와 이세돌 9단의 대국은 딥러닝의 발전이 어느 정도까지 왔는지를 한눈에 체감할 수 있는 역사적인 이벤트였다. 먼저 알파고를 개발한 회사 딥마인드는 왜 하필이면 바둑을 주 종목으로 선택한 것이었을까? 그 이유는 바로 바둑의 복잡성에 있다. 체스의 경우 말마다 움직이는 방식 및 가치가 정해져 있지만 바둑의 경우 그러한 제한이 없다. 이로 인해 바둑돌을 놓는 경우의 수는 10의 170제곱으로 이는 우주 전체의 원자 수와 맞먹는 수준이라고 한다. 체스의 경우 1997년 체스 챔

피언 카스파로프[56]가 IBM의 슈퍼 컴퓨터 딥블루[57]에 패배를 당한 적이 있는 것에 반해 바둑은 오랫동안 인공지능의 도전 과제로 남아있었다. 알파고와 이세돌 9단의 대국이 시작하기 전만 하더라도 사람들은 5대 0으로 이세돌 9단의 압승을 예상할 정도였다. 하지만 결국 알파고는 4대 1로 승리하게 되고 많은 사람들을 충격에 빠트렸다.

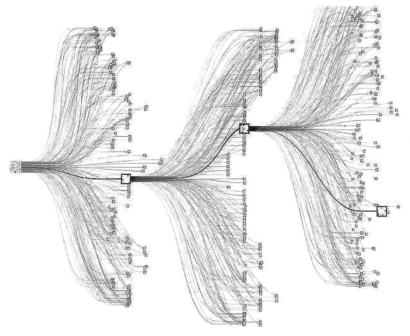

[그림 5-16] 바둑돌을 놓는 경우의 수

바둑이라는 복잡한 문제에 대해 딥마인드는 어떠한 방식으로 알파고를 훈련할 수 있었을까? 알파고는 지도학습과 딥러닝을 혼합한 새로운 형태의 머신러닝 방법을 사용하였다. 지도학습의 경우 바둑판에 놓여 있는 돌의 위치 상황을 질문으로 하고 가능한 수들에 대한 해답들을 레이블링[58]하였다. 알파고는 무려 16만 건의 바둑 기보와 3천만 개의 바둑판 이미지 데이터를 학습했다고 한다. 이러한 방대한 데이터에 딥러닝을 통하여 대국에서 승리하기 위해 자유롭게 수를 선택하는 방법을

• • • • •
56 러시아의 프로 체스 선수로 무려 16년간 세계 챔피언 자리에 있었다.
57 총 512개의 프로세서를 보유하고 1초에 1조 번의 명령을 처리할 수 있다고 한다.
58 머신러닝이나 딥러닝 알고리즘 적용 전에 학습 데이터에 특정 값을 인위적으로 부여해 주는 것을 말한다.

학습 및 개선해 나간 것이다. 그외에도 알파고는 자신과의 '셀프 대국'을 128만 번이나 치루게 되면서 끊임없이 경기력을 향상시켰다. 이렇게 스스로 바둑을 두면서 기존 바둑 기사 혹은 인간들의 기보 패턴을 벗어나 보다 창의적이고 새로운 방법의 수를 학습하게 된 것이다. 여기서 흥미있는 점은 인간 바둑 기사들이 보통 많은 집 차이로 상대방을 이기려고 하는 것과는 다르게 알파고는 1집 차이든 20집 차이든 오직 승리에만 목표를 두고 전략을 학습한다는 것이다. 이렇게 천문한적인 대국을 치루면서 알파고는 상황별로 승리의 확률이 높은 경우의 수를 학습하게 되었다. 알파고는 한 수를 둘 때마다 최고급 컴퓨터 5천 대를 한꺼번에 사용하는 정도의 연산 역량과 빅 데이터를 바탕으로 확률 계산을 한다고 한다.

이러한 알파고도 아직 완벽한 수준은 아니었다. 네 번째 대국에서 이세돌 9단의 78수 이후로 알파고는 계속해서 실수를 범하면서 결국 패배하게 된다. 알파고와 세 번에 걸친 대국을 통해 이세돌은 알파고의 특성을 어느 정도 이해하게 되었고, 그를 바탕으로 내놓은 허를 찌르는 창의적인 78수는 천문학적인 대국으로 트레이닝된 알파고도 예측하기 힘든 수였던 것이다. 알파고와 이세돌 9단의 대결은 대결을 넘어 인공지능과 인간이 서로를 이해하는 여정을 보여줬다고도 말할 수 있다. 두 번째 대국에서 알파고를 승리로 이끈 37수[59]는 인간이 예측하기 힘든 기계의 창의적인 수였고, 그 후에 이세돌 9단이 보여준 78수는 반대로 인공지능이 예측하기 어려운 인간의 창의적인 수였던 것이다. 그렇다면 이러한 인공지능에도 한계가 존재할까?

◆ 인공지능에도 한계가 존재할까?

인공지능에도 여러 가지 한계점이 아직 존재한다. 첫 번째로 데이터에 대한 의존도가 매우 크다는 것에 있다. 만약 인공지능에게 엉터리 데이터를 오랫동안 학습시킨다면 그를 통해 학습된 인공지능도 엉터리일 가능성이 높다. 최근 연구에서 인공지능 5세 어린이에게 무분별한 콘텐츠로 학습을 시킨 결과 비속어나 상대방을 무시한 언행들을 내뱉게 된 것으로 큰 화제가 된 바 있다.[60] 또한 인공지능은 스

----

59 구글 CEO도 알파고가 보여준 37수를 최고로 창의적이고 아름다운 수였다고 극찬한 바 있다.

60 LG유플러스와 솔트룩스의 공동 연구로 진행되었으며 인공지능 어린이에게 8주간 영상을 노출시켰다.

스로 학습하고 판단을 하게 되므로 처음에 인간의 개발 의도에서 벗어난 전혀 다른 인공지능이 탄생할 수도 있다. 앞서 예를 들었던 영화 '터미네이터 제니시스'처럼 인공지능이 인간을 적이라고 인식하게 될 수도 있는 것이다.

그 외에도 인공지능에 편견이 심어질 수가 있다. 데이터 안에 인간의 의식적 혹은 무의식적인 편견이 스며들어 있을 수가 있는 것이다. 최근(2020년 4월 기준) 구글에서 인공지능이 인종차별적인 판단을 내려서 사과한 일화가 있다. 구글 비전 AI가 밝은 피부색을 가진 사람이 체온계를 들고 있으면 체온계로 인식하였고, 어두운 피부색을 가진 사람이 체온계를 들고 있으면 총으로 인식을 한 것이다. 이러한 이유는 충분하지 않은 학습과정, 즉 공정하지 못한 데이터가 편견을 불러일으킨 것이라고 볼 수 있다.

[그림 5-17] 구글 비전 AI 인종차별 에러

마지막으로 인공지능이 왜 이러한 의사결정을 하게 되는지 그 이유를 알기가 힘든 경우가 많다. 예를 들어 유튜브가 인공지능으로 콘텐츠 조정을 시작한 이후로 기존보다 두 배나 많은 동영상을 삭제하게 된 일화가 있다. 이렇게 삭제된 동영상의 상당수는 규칙을 위반하지 않았음에도 말이다. 이러한 실수에 대해 물어본다면 인공지능은 대답을 할 수가 없고 개발자도 원인을 알기 힘든 경우가 많다. 이렇게 장점과 한계점을 동시에 가지고 있는 인공지능, 우리의 현대사회에 어떻게 응용되고 있을까?

◆ **인공지능이 비즈니스와 만나다**

먼저 마케팅 분야에서 인공지능은 효과적으로 적용될 수 있다. 인공지능을 통해 퍼포먼스를 최적화할 수 있다. 머신러닝 알고리즘을 통하여 플랫폼의 광고 실적을 빠르게 분석 및 작업을 자동화시킬 수 있으며 이로 인해 퍼포먼스 분석 및 개선에 대한 시간과 비용을 절약할 수 있다. 인공지능을 통해 개인 맞춤형 광고를 제공할 수도 있다. 인공지능은 개인 고객의 행동을 분석하여 이에 맞는 스마트한 추천을 할 수 있게 되는 것이다. 예를 들면, 소셜 미디어 웹페이지에 자신이 평소에 관심 있던 상품 배너 광고들이 뜨는 것을 경험해 본 적 있을 것이다. 이러한 맞춤형 광고는 인공지능을 통한 학습 및 예측이라고 볼 수 있다.

헬스케어 분야에서도 인공지능은 활발히 적용되고 있다. 인공지능은 의학관련 이미지 및 영상 분석의 효율성을 향상시킬 수 있다. 예를 들어 인공지능의 자동화분석이 인간보다 빠르게 신체 기관의 이상증상을 발견하는 사례들이 늘어나고 있다. 이러한 자동화 및 정밀 분석에 의해 비용절감 효과를 가져올 수 있고, 의사들은 발견된 이상 징후의 해석과 해결에 더 집중을 할 수 있다. 인공지능은 보조로봇수술에도 활용될 수 있다. 인공지능은 수술 전 의료기록 데이터를 학습 및 분석하여 수술 시 실시간으로 의사가 필요한 수술기구를 보조할 수 있는 것이다. 인공지능 기반의 가상 간호보조원이 환자를 효과적으로 도울 수도 있다. 예를 들어 Sensely[61]의 "Molly"라는 인공지능 기반 간호사는 환자의 건강 상태에 대해 질문하고, 증상을 평가하기도 한다. 이러한 자동화는 실제 간호사의 업무 시간을 절감하여 비용을 절감할 수 있다.

[그림 5-18] Sensely의 "Molly" 인공지능 기반 간호사 예시 (출처: 프리다운)

••••••
61 건강관리 아바타와 챗봇(chatbots) 플랫폼을 제공하는 글로벌 헬스케어 회사로 미국과 영국에 위치하고 있다.

채용 분야에서도 인공지능은 적용될 수 있다. 인공지능을 활용하여 적합한 후보자를 발굴할 수 있는 것이다. 방대한 규모의 이력서를 인공지능이 학습하고 분석하여 기업이 원하는 스펙에 맞는 후보자들을 선별하게 된다. 인공지능을 통하여 후보자의 평가도 가능하다. 인공지능은 기존에 우수한 성과를 낸 직원들의 데이터를 학습하여 후보자가 이와 견줄만 한지 평가하게 된다. 마지막으로 후보자 매칭도 가능하다. 인공지능은 후보자의 개인적 특성, 기술, 희망 연봉 등의 정보를 종합적으로 파악하여 필요한 직무와 어느 정도 적합성이 있는지를 판단하게 된다. 이러한 인공지능 채용의 장점은 높은 효율성에 있다. 수많은 지원자들의 서류를 인간이 검토하는 데는 많은 시간과 인적 자원이 필요하다. 하지만 인공지능이 자기소개서를 평가하는 데 소요되는 시간은 평균 3초라고 한다. 하루 8시간이면 1만 명의 자기소개서가 평가 가능한 것이다.

[그림 5-19] 채용 박람회에 등장한 인공지능을 활용해 구직자와 기업을 연결하는 방식 소개 영상 (출처: 연합뉴스)

쌍용자동차의 경우 연간 1만 명에 달하는 지원자를 2명의 인재경영팀 직원이 인공지능 채용 솔루션을(마이다스아이티의 inAir) 사용해 담당하고 있다. 또 다른 인공지능 채용의 장점은 객관적이고 공정한 채용 보장에 있다. 인공지능 면접의 경우 일관적이고 객관적인 데이터로 분석 및 평가하므로 인간의 주관적 판단에 의한 평가 오류, 채용비리, 후광효과 등을 제거할 수 있고, 여러 면접관으로 구성될 경우 발생하는 편차 문제도 해결할 수 있다.

금융 분야에서도 인공지능은 널리 적용되고 있다. 먼저 인공지능을 통하여 금융회사들의 업무를 자동화시킬 수 있다. 머신러닝을 기반으로 문서를 분석하고, 고객을 식별하며, 이상징후를 탐지할 수 있다. 미국 투자은행 JP모건 체이스의 경우 머신러닝 플랫폼 COiN^{Contract Intelligence}을 도입하여 법률 문서의 주요 정보 및 조항을 추출하게 하였으며, 이를 통해 혁신적인 시간 및 비용의 절감을 가져왔다. 그 외에도 인공지능은 금융고객에게 다양한 서비스를 제공할 수 있다. 머신러닝 기반 챗봇을 통하여 헬프데스크와 콜센터와 같은 고객 대응 업무를 대신하기도 한다. 일본 미즈호은행은 IBM의 인공지능 왓슨^{Watson}을 도입하여 콜센터, 스마트폰 앱, 로봇으로 고객 대응 업무를 수행하고 있다. 인공지능은 신용평가 시스템에도 활용된다. 머신러닝을 통하여 고객의 금융정보와 그 외 정보인 요금납부기록, 통화기록, 소셜네이트워크 정보 등을 통합 분석하여 더욱 세분화된 신용평가가 가능하다. 특히 머신러닝을 통해 분석 가능한 고객의 범위가 늘어나게 되어 기존에 금융기록이 적어 서비스를 받기 힘들었던 사람들에게도 더 큰 기회가 주어지게 된다.[62]

[**그림 5-20**] 일본 미즈호은행 IBM의 인공지능 왓슨(Watson) 로봇 (출처: Bitcoin News)

마지막으로 게임 분야에서도 인공지능은 다양하게 활용될 수 있다. 최근에는 아케이드 게임(DOTA2)에서 게임 인공지능(OpenAI)이 전직 프로게이머를 포함한 인간 고수팀에게 승리를 거둔 일화가 있다. 이는 딥러닝 학습을 통한 게임 인공지능의 적용 가능성을 보여줬으며 앞으로 더 복잡한 게임에도 적용될 수 있도록 연구가 진행 중이다. 인공지능을 통하여 스스로 변화에 적응하며 진화하는 지능형 게임 콘텐츠의 제작이 가능할 것으로 보인다. 즉, 유저의 게임 내 행동 패턴 및 성향에 따

62 미국 핀테크기업인 제스트파이낸스(ZestFinance)는 개인의 소셜네트워크, 인터넷 사용 등을 분석하여 대출에 대한 신용도를 측정하고 있다.

라 게임의 콘텐츠가 달라지게 되는 것이다. 이는 기존의 정형화된 게임 콘텐츠에서 벗어나 창의적이고 새로운 콘텐츠 경험이 가능할 것으로 예상된다. 그 외에도 게임 빅데이터 분석 도구로도 인공지능은 활용되고 있다. 클라우드 기반으로 수집한 유저들의 로그 데이터 정보를 인공지능이 분석하여 경영 및 마케팅에 활용하려는 수요가 늘고 있다.

[그림 5-21] 아케이드 게임(DOTA2)의 게임 인공지능(OpenAI) 대결 장면 (출처: OpenAI Five)

◆ **미래의 인공지능을 대하는 우리의 자세**

끝으로 인공지능은 현재 어떻게 변화하고 있으며 우리는 어떠한 자세로 이를 받아들여야 할까? 인공지능이 가까운 미래에 인간의 직업을 빼앗아 가는 것은 아닐까? 이러한 질문을 떠올릴 수도 있다. 아마도 기존의 단순 반복적인 작업은 자동화와 센서 테크놀로지로 인해 기계가 인간을 대체할 가능성이 높을 것이다. 그렇다면 인간은 인공지능이 하기 힘든, 즉 기존의 데이터가 별로 없는 창의적이고 높은 사고력을 요하는 일들을 하게 될 가능성이 더욱 클 것이다. 이로 인해 인간과 기계의 협업에 대한 중요성이 더욱 대두될 것으로 보인다. 인간과 인공지능이 같이 일터에서 상호적으로 일하는 것은 이미 놀라운 일이 아니다. 물류창고에서는 인간이 인공지능 로봇의 도움으로 보다 효율적으로 물건들을 배치하고 있고[63] 의사들은 인

---

63 아마존 물류창고에서는 인공지능 로봇이 물자 운반 및 적재를 하고 있다.

공지능의 도움을 통해 보다 정확하게 질병을 파악하고 있다. 즉, 인간의 작업들이 인공지능과의 경쟁에서 패배해 제거되는 것이 아니라 인공지능과 상호작용하는 쪽으로 변화해 가는 것으로 볼 수 있는 것이다.[64]

　이러한 변화는 비단 직업뿐 아니라 학생들의 교육 과정에도 큰 영향을 미칠 수 있다. 단순한 정보의 습득 및 기억력을 요구하는 교육은 인공지능으로 대체될 가능성이 크므로 보다 비판적 사고력 및 창의성을 요하는 교과과정들이 더욱 중점적으로 다루어져야 할 것이다. 이러한 인공지능의 시대에 걸맞는 교육과정들은 학생들이 졸업 후에도 인공지능과 순조롭게 양립할 수 있는 능력을 더욱 배양해 줄 수 있을 것이다. 인간이 할 수 있는 능력, 인공지능이 할 수 있는 능력을 잘 조화시켜 대치가 아닌 화합의 관계로 함께 성장해 나가는 것이 중요할 것이다.

- - - - -

64　이러한 예로 가트너(Gartner) 주식회사에서는 2020년에는 대략 2백만 개의 새로운 직업이 인공지능과 관련해 창출될 것이라고 전망하였다.

06

블록체인
Blockchain

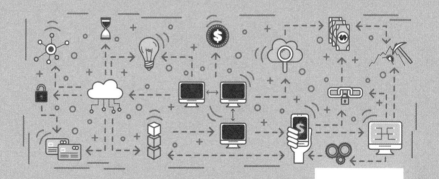

◆ 왜 블록체인인가?

가상화폐가 대중들에게 소개된 이후 비트코인을 필두로 한 가상화폐 투자의 광풍이 불었던 적이 있었다. 가상화폐라는 새로운 개념의 투자상품에 국내외 수많은 사람들이 뛰어 들었고 새로운 투자처에 열광하였다. 언론 매체에서는 가상화폐를 통해서 엄청난 수익을 올렸다는 뉴스와 더불어 투자 손실로 인해 안타까운 선택을 했다는 소식 등이 사람들의 관심을 부른 적이 있었다. 사람들은 가상화폐라는 새로운 투자상품에 관심을 가졌지만 이것을 구현하게 했던 기술에는 관심이 상대적으로 부족하였는데 가상화폐crypto currency의 핵심 기술은 바로 블록체인blockchain이다. 가상화폐는 블록체인 기술을 응용한 하나의 구현 사례일 뿐이었는데 많은 이들은 그 핵심기술인 블록체인보다 비트코인 만을 기억하고 있다. 하지만 블록체인은 정부가 지정한 4차 산업혁명 핵심기술 중 하나이다.[65] 또한 글로벌 IT 기업들은 이미 블록체인을 핵심 기술로 지정하고 다양한 응용 분야에 적용하고 개발하고 있다. 그럼 블록체인은 무엇인지에 대해서 알아보도록 하자.

......
65 정부는 인공지능, 사물 인터넷(IoT), 클라우트 컴퓨팅 등의 기술과 더불어 블록체인의 집중 육성을 목표로 하고 있고 2021년부터 2025년까지 총 5년간 정부 주도의 블록체인 처리성능 향상 및 프라이버시 보호를 위한 핵심 원천기술을 개발한다는 방침을 2020년 6월 30일에 발표하였다

◆ 왜 블록체인이 나오게 되었는가?

▶ 현재의 금융시스템

블록체인이 나오게 된 배경을 이해하기 위해서는 현재의 금융시스템financial system의 지급결제제도payment and settlement system[66]에 대한 이해가 필요하다. 우리가 살아가고 있는 현대 자본주의 사회에서 실물경제 활동 및 금융거래를 뒷받침하는 자금의 지급결제 과정은 금융시스템이라는 하나의 생태계에서 이루어진다. 즉, 1) 금융 기관, 2) 금융 시장, 그리고 자금의 이동에 상응하는 3) 금융상품 또는 금융서비스가 이러한 생태계를 구성하는 주요 구성 요소들이다. 예를 들어 한국은행에서 발행된 화폐는 금융회사를 통해 기업이나 가계의 경제활동을 뒷받침하고, 가계는 노동을 통해서 소득을 창출하고, 소비하고 남은 여유분의 잉여자금은 저축이라는 형태로 금융기관에 유입되고, 이는 다시 금융회사의 자금중개기능[67]을 통해 경제시스템 내에서 계속 순환하게 된다. 대부분의 실물 및 금융거래에는 거래에 참여하는 주체 간의 자금의 이동이 수반된다. 가령 신용카드로 물건을 구매할 경우, 신용카드회사의 은행 계정에서 가맹점(물건 구매처)으로 자금 이동이 일어나고, 신용카드사와 고객 간에 법적으로 보호받는 채권·채무계약이 성립된다. 카드대금결제일에 카드 이용자의 계정에서 신용카드사의 계정으로 자금의 이동이 일어남으로써 채권채무계약은 소멸된다. 또한 전셋집을 얻기 위해 자금이 부족한 경우에는 은행에서 전세자금 대출을 통해서 부족한 부분을 대출받는데, 이런 경우 은행의 계정에서 임대인의 계정으로 자금의 이동이 일어나고 고객과 은행 사이에는 채권·채무관계가 성립되며 기록으로 남게 된다.[68] 위의 예에서 볼 수 있듯이 일상적인 경제 생활에서의 자금이동은 금융회사를 통해 이루어지고 있다. 현재의 금융 시스템 내에는 여러 종류의 경제주체들이 활동하고 있는 그 대표적인 참가자들은 다음과 같다.

. . . . .

66 경제 주체들이 경제활동을 하면서 거래가 발생하는 경우 거래 당사자들 사이의 채권·채무관계 사이에 자금 이체를 위한 절차를 말한다. 개인이 이용하는 현금, 수표, 어음, 신용카드, 계좌이체 등을 생각하면 된다.

67 돈이 필요한 주체에게 자금을 공급하여 경제활동이 원활하게 일어날 수 있도록 하는 것으로 여유자금을 가진 주체로 부터 돈을 모아 필요한 사람에게 전달한다. 금융기관이 주로 담당하며 대출, 채권, 주식, 신용카드 등을 통해 자금 이동을 중개한다.

68 물론 임차인으로서 임대인과의 채권·채무관계가 성립한다.

- 중앙은행
- 은행 및 금융회사
- 가계, 기업, 정부

중앙은행(한국은행)은 화폐를 발행하고 경제시스템 내의 통화량을 관리한다. 은행 및 금융회사는 고객으로부터 자금을 예금의 형태로 예치받아 자금이 필요한 사람에게 융통해 주는 금융중개기능financial intermediation을 수행하는 동시에, 앞서 설명한 가계, 기업, 정부의 경제활동에 수반되는 모든 자금의 이동과 결제 과정에 핵심적인 역할을 한다.

즉, 모든 경제활동 거래의 기본이 되는 경제주체 간의 자금 이동fund transfer에 중요한 역할을 하는 것이 금융중개기능을 담당하고 있는 은행(금융회사)이며 국가에 의해서 관리되고 있는 관련 기관들이다. 가령 우리나라의 경우 은행 들간의 자금이체는 한국은행의 BOK-Wire+라는 지급결제 시스템을 통해 금융회사 간 거액 규모의 자금거래의 관리와 청산을 담당하고 있고, 개인이나 기업 간의 자금의 이동은 금융결제원이 관리하고 있는 '소액결제시스템'을 통해 이루어진다. 또한 예탁결제원을 통해 증권(주식, 채권 등)의 거래를 관리하고 있고, 외환결제시스템을 통해 경제주체 간 외화의 이동도 이루어진다.

여기서 핵심은 지금의 금융 시스템은 자금의 이동과 결제 과정이 금융회사나 국가의 지급결제관리 기관에서 중앙집권적centralized으로 이루어지고 있다는 사실이다. 즉, 은행은 모든 일상적인 자금 거래(이동)의 유효성을 확인하고 관리하고, 자신들의 전산 시스템에 기록하고 있다.[69] 따라서 특정 거래의 유효성 입증[70]의 책임은 금융회사들에게 있고, 그 거래의 기록들을 관리하는 책임도 금융회사에게 있다. 이렇듯 현재 금융 시스템하에서는 일상적인 전산상의 자금거래를 이행하기 위해서는 금융중개기관이라고 하는 금융회사를 통할 수 밖에 없다. 이런 중앙집권적인 지급결제제도는 장점도 존재하지만 지연delay, 보안 취약과 중개수수료 발생과 같은 비효율이 존재한다.[71]

••••••
69 현금 거래를 제외하고 모든 거래는 은행의 전산 서버에 있는 계정(원장)에서 관리하고 있다.

70 거래 내역이 정확한지 그리고 빠진 것이 없는 지 등에 대한 검증은 모든 거래 내역을 보관하고 있는 금융회사만이 할 수 있다.

71 한국에서 미국으로 달러 송금을 할 때 최소 하루 이상의 시간이 소요된다. 그래서 가장 빠르게 할 수 있는 방법은 비행기에 실어 보내는 것이라는 우스개 소리가 있다(물론 운송료가 발생한다).

은행들 간의 자금 거래의 기록은 중앙은행이라는 집중된 권한을 가지고 있는 주체의 의해 기록되고 관리된다. 가령 여러분이 친구에게 100만 원을 인터넷뱅킹으로 송금하는 상황을 생각해 보면 은행과 같은 금융중개기관이 이러한 새로운 거래의 기록을 생성하고 관리하게 된다. 만약 동일한 은행의 계좌를 가지고 있는 친구에게 송금한다고 했을 때, 여러분이 이용하고 있는 은행이 하는 일은 서버에 존재하는 기록(원장)을 변경하는 작업에 불과하다. 즉, 송금인의 계좌(계정)의 잔액balance에서 100만 원을 차감시키고, 수취인의 계좌(계정) 잔액을 100만 원 증가시키는 것이 일련의 자금이동 과정의 핵심이다[72](타행 간의 자금이동도 크게 다르지 않다. 소액결제시스템을 통해 송금은행 계정에서 잔액을 차감하고 수취은행 계정의 잔액을 증대시키면 자금의 이동이 이루어진다. 물론 이 과정에서 수수료가 발생한다. 해외송금도 비슷한 과정을 거치게 되었다.).[73]

즉, 현재 금융시스템에서의 경제 주체 간의 자금의 이동을 처리하는 작업은 거대한 데이터베이스를 관리하는 것database management에 지나지 않는다. 다만, 그 관리의 주체가 금융회사와 관련 국가 기관일 뿐이고, 거래의 유효성을 확인하고 거래 기록의 조작을 방지하는 책임과 권한이 금융회사와 관련 국가 기관들로 이루어진 집단에 중앙집권적으로 분포되어 있다는 것이 주요한 특징이다.

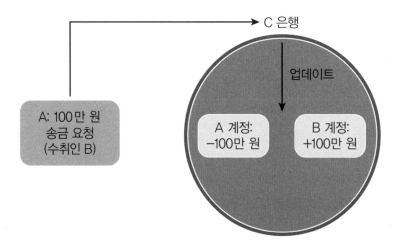

[그림 6-1] 현재 금융시스템 내에서 자금 이동 도식: 동일 은행 계정으로 이동 시

• • • • •
72 실제 현금이 이동하는 과정없이 전산상의 장부의 숫자를 조정하여 송금이 이뤄진다.

73 한국에서 미국으로 환전을 하여 자금을 이동하는 경우에도 실제로 국가 간의 자금 이체는 이뤄지지 않고 한국의 계좌에서 이체 금액을 차감하고 미국의 은행에 있는 한국의 은행이 보유한 계좌에 있는 금액을 고객에게 이체하는 방식이다. (그림 6-2 참조)

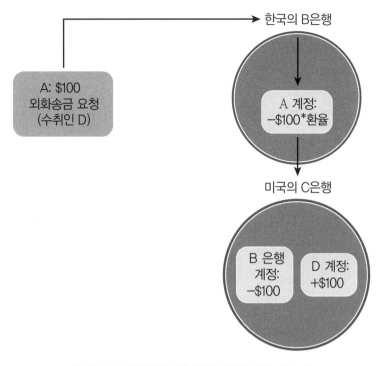

[그림 6-2] 현재 금융시스템 내에서 해외송금 자금 이동 도식

지금까지 블록체인 나오게 된 주요 배경인 중앙집권적centralized 금융시스템에 대해서 알아보았다. 다음에서 원장ledger에 대해서 더욱 자세히 알아보자.

▶ 원장ledger이란 무엇인가?

블록체인[74]에 대해서 이해하기 위해서는 원장이라는 개념을 먼저 이해하여야 하는데, 원장ledger은 모든 거래를 기록, 거래하는 장부라고 이해하면 된다. 우리가 어린 시절 이용하던 용돈 기입장, 그리고 주부들이 작성하는 가계부 또한 일종의 원장이다. 돈이 오고가는 거래의 내역을 기입한 장부가 일종의 원장이다. 집에서 작성하면 가계부이고 회사에서 작성하면 회계장부인 것이 원장이라고 생각하면 쉽다.

•••••
74 '블록체인(blockchain)'은 한마디로 '분산원장기술(distributed ledger technology)'이라고 할 수 있는데 자세한 것은 뒤에서 다루도록 하겠다.

[그림 6-3] 원장의 예시 (출처: 게티이미지뱅크)

원장ledger이 작성되는 흐름에 대해서 한번 상상해 보자. 철수가 영희에게 100원을 빌려준다고 가정하고 서로의 용돈 기입장에 어떻게 작성되는지 한번 생각해 보면 쉬울 것이다. 100원이라는 돈이 철수에게서 영희에게 이동하는 것이 하나의 거래가 될 것이고 그 거래의 참가자는 철수와 영희가 될 것이다. 거래가 이뤄지기 위해서는100원을 직접 전달하든지 아니면 인터넷뱅킹으로 보내든지 하면 이 거래는 이행이 되는 것이다. 극단적인 예이긴 하지만 우리는 삶 속에서 이러한 형태의 거래가 수없이 이뤄지고 있기 때문에 아무런 문제 의식을 가지지 않고 있다. 하지만 사실 이러한 형태의 거래에는 많은 비효율이 존재한다. 어떠한 비효율이 존재하는지 한번 생각해 보자.

1. 우선 첫 번째로 인터넷뱅킹으로 돈을 전송하는 경우 은행이 수수료를 부과할 수 있다. 거래를 위한 비용이 발생한 것이다.[75]

2. 철수가 영희에게 100원을 빌려주었다. 그리고 철수는 자기의 용돈기입장 (100원이 자신의 주머니에서 줄었다는 것을)에 그리고 영희는 자기의 용돈기입장(100원이 증가하였다는 것을)에 이 거래를 기입하였다. 근데 영희가 자기 용돈기입장에 100원을 증가했다고 기록하지 않고 그냥 100원을 다른 곳에 써버렸다. 그리고 철수에게

••••••
75 보통 무료인 경우도 많지만 수수료가 발생한다면 이는 배보다 배꼽이 더 큰 거래이다

난 너한테 돈을 빌린 적이 없다고 주장할 수 있다.

　　3. 철수가 영희에게 100원을 빌려주기로 했는데 철수가 달러밖에 없어서 달러로 영희에게 주겠다고 해 보자. 그래서 환전까지 해야 하는 상황이다. 심지어 인터넷뱅킹이 되지 않아 만나서 줘야 하는 상황이다.

극단적인 상황이긴 하지만 현재의 금융 시스템의 지급결제시스템에서는 위와 같은 불편함, 비효율, 그리고 거래의 검증 부분에 있어 취약함 등이 존재한다.

이에 우리가 사용해왔던 그리고 사용 중인 현재 금융 시스템에 문제점을 느낀 많은 사람들이 다음과 같은 질문을 하기 시작하였다.

　　1. 영원히 신뢰를 가지고 자산(돈)을 저장할 수 있을까?
　　2. 나의 금융 자산(돈) 누가 어떻게 관리하는지 추적이 가능할까?
　　3. 나의 자산을 쉽게 이동시킬 수 있을까?
　　4. 비용(수수료, 중개수수료) 없이 거래를 할 수 있을까?

많은 사람들이 오랜 시간 동안 위와 같은 문제의식을 가지고 있었지만 기존에 견고한 금융 시스템은 오랜 시간 변함없이 유지되어 왔다. 이는 여러 가지 이유가 존재하겠지만 기존 금융 시스템을 대체할 수 있는 다른 무언가가 없었기도 했거니와 기존 시스템을 구성하고 있는 구성원 사이에 여러 가지 복잡한 이해관계로 인해서 위의 문제를 해결하는 것은 쉬운 것은 아니었다. [76]

하지만 기존의 규칙을 깨고 새로운 시스템을 구축하려는 시도가 구체화되기 시작하였는데 이러한 과정에서 블록체인이 세상에 나오게 된 계기가 되었다.

◆　블록체인의 탄생

▶ 사토시 나카모토Satoshi Nakamoto의 비트코인 관련 논문Bitcoin: A Peer-to-Peer Electronic Cash System

블록체인의 최초 아이디어를 제공한 것으로 알려진 것은 사토시 나카모토Satoshi Nakamoto라는 사람이다. 본인이 사토시라고 주장하는 사람도 여럿이었고 거주지가 어디인지 어떤 출신의 사람인지도 확실하게 밝혀진 바는 없다. [77] 어쨌든

●●●●●
76 혁신이 가능한 분야에도 여러 가지 이해관계가 얽히는 경우가 많기에 기존의 질서를 깨고 새로운 시스템을 구축하는 것은 언제나 어려운 것이다.
77 실존 사람인지도 확인이 되지 않고 이름에서 느껴지듯이 일본사람이라고 추정하지만 확인은 되지 않았다.

세계 최초 암호화폐인 비트코인bitcoin을 만든 사람이며 블록체인 기술의 창시자이다.[78] 사토시 나카모토가 블록체인 기술을 이용하여 비트코인을 만들었고 본인이 2009년 초 첫 채굴을 시작한 이후로 그의 지갑에서는 약 100만 개의 비트코인이 있는 것으로 추정된다.[79] 사토시는 기존 중앙집권적centralized 금융 시스템에 대한 문제점을 인지하고 있었고 이에 대해서 해결하고자 하는 문제의식을 가지고 있었던 것으로 보인다. 이러한 문제의식을 바탕으로 사토시 나카모토는 전통 금융의 문제에 대한 다음과 생각을 커뮤니티에 올리기도 했다.

"기존 화폐는 중앙은행이 화폐 가치를 떨어뜨리지 않을 것이라는 신뢰가 필수적이다. 그러나 법정 화폐의 역사에는 이 믿음을 저버리는 경우가 많았다. 예를 들어 2008년 미국 서브프라임 모기지 사태가 대표적인 예이다. 신용 등급이 불량한, 돈을 갚을 능력이 없는 사람들에게 주택담보대출을 해 준 것이다. 당시 저금리라서 주택담보대출을 받아도 이자가 적었고, 집에 대한 수요 증가로 집값도 꾸준히 상승하고 있었다. 은행 입장에서는 집값이 계속 오르고, 대출받은 사람이 못 갚아도 담보로 잡은 집을 얻을 수 있으므로 이득이었다. 하지만 너무 높은 부동산 가격으로 수요는 감소했고, 금리인상으로 대출 이자가 증가하면서 서브프라임 계층부터 디폴트에 빠지면서 매물이 증가하자 집값이 폭락하게 된 것이다."

이로 인해 기존의 중앙 집중화된 금융시스템에 대한 비판이 매우 거세게 일었고, 그 당시 사토시 나카모토는 은행 없이도 해킹 없이 계속 작동하며 거래 가능한 새로운 형태의 금융시스템을 만들고자 한 것으로 보인다.

사토시 나카모토는 2008년 11월 1일 〈비트코인: 개인 대 개인의 전자화폐 시스템Bitcoin: A Peer-to-Peer Electronic Cash System〉이라는 9쪽짜리 논문을 작성하고 이를 통해 본인이 꿈 꿨던 이상적인 금융 거래 시스템을 제안하였고 이를 https://bitcoin.org에서 공개하였다.[80]

······
78 비트코인과 블록체인은 혼동되어 사용되기도 하지만 같은 의미는 아니다. 블록체인은 '공공 거래 장부'로 불리는 데이터 분산 처리 기술을 말하는 것이고 비트코인은 블록체인을 응용하여 개발한 가상화폐의 한 종류이다.

79 사토시는 비트코인 창시자로 2019년 6월 기준으로 약 150억 달러(약 16조 원)의 비트코인을 소유하고 있는 것으로 추정된다. 가상화폐인 비트코인의 가치만을 기준으로 세계 100위 정도의 부자이다.

80 https://bitcoin.org/bitcoin.pd에서 원문을 확인할 수 있으며 한글로 번역된 자료도 인터넷에서 쉽게 구할 수 있다.

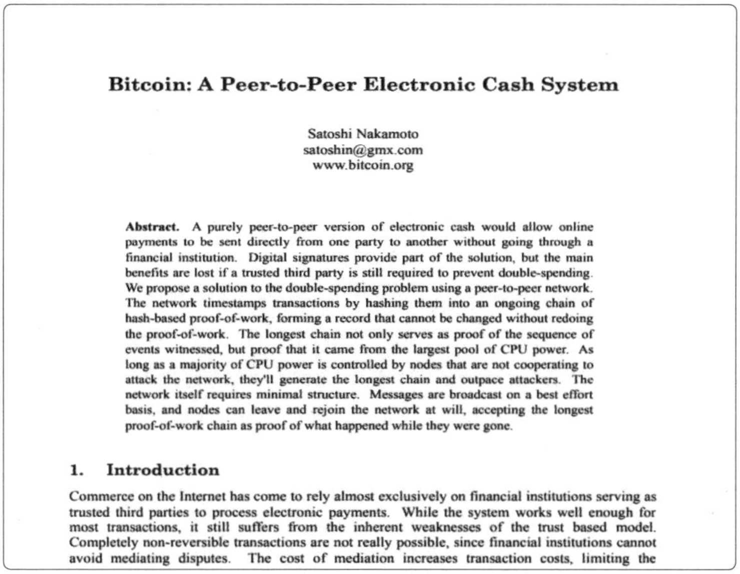

Bitcoin: A Peer-to-Peer Electronic Cash System

Satoshi Nakamoto
satoshin@gmx.com
www.bitcoin.org

Abstract. A purely peer-to-peer version of electronic cash would allow online payments to be sent directly from one party to another without going through a financial institution. Digital signatures provide part of the solution, but the main benefits are lost if a trusted third party is still required to prevent double-spending. We propose a solution to the double-spending problem using a peer-to-peer network. The network timestamps transactions by hashing them into an ongoing chain of hash-based proof-of-work, forming a record that cannot be changed without redoing the proof-of-work. The longest chain not only serves as proof of the sequence of events witnessed, but proof that it came from the largest pool of CPU power. As long as a majority of CPU power is controlled by nodes that are not cooperating to attack the network, they'll generate the longest chain and outpace attackers. The network itself requires minimal structure. Messages are broadcast on a best effort basis, and nodes can leave and rejoin the network at will, accepting the longest proof-of-work chain as proof of what happened while they were gone.

1. Introduction

Commerce on the Internet has come to rely almost exclusively on financial institutions serving as trusted third parties to process electronic payments. While the system works well enough for most transactions, it still suffers from the inherent weaknesses of the trust based model. Completely non-reversible transactions are not really possible, since financial institutions cannot avoid mediating disputes. The cost of mediation increases transaction costs, limiting the

[그림 6-4] 비트코인 : 개인 대 개인의 전자화폐 시스템(Bitcoin: A Peer-to-Peer Electronic Cash System)

그리고 이 논문을 바탕으로 2009년에 세계 최초의 암호화폐인 비트코인을 개발했다. 이는 사토시가 제안하고 구현한 최초의 블록체인 관리 프로그램Bitcoin Core 이다. 사토시는 자신의 논문을 업로드한 사이트의 주소를 암호학 전문가들에게 이메일로 배포하였다.[81]

이 9페이지짜리 논문에는 최초의 블록체인과 비트코인의 기본 구조를 설명하는데 중반부부터는 기술적인 내용으로 인해 일반인이 이해하기에 쉽지는 않다. 하지만 핵심은 블록체인이라는 기술 개념을 제안하고 그 기술을 이용해서 비트코인이라는 응용 결과물을 소개한다는 것이다. 앞에서 말한 최초의 블록체인 관리 프로그램 '비트코인 코어Bitcoin Core'는 암호화폐인 비트코인을 생성하고 비트코인 거래를 블록체인 형태로 기록하도록 설계됐다. 블록체인의 기록을 검증하기 위해서는 블록체인 시스템 네트워크에 참여해야 하는데 여기에 참여하여 비트코인은 블록체인 검증과정에 참여한 보상으로 제공된다. 이렇듯 그는 블록체인 기술을 적용한 최초의 암호화폐인 비트코인bitcoin을 개발하고, 작성한 소스 코드를 배포했다. 그 과정에서, 그는 Peer to Peer 네트워크를 이용하여 디지털 화폐에 대한 이중지불 문제

· · · · ·

81 메일에는 새로운 개념의 피투피(P2P) 전자화폐 시스템 개발을 하였다는 메시지와 함께 비트코인 백서 링크를 첨부하였다고 한다.

를 처음으로 해결했다.[82]

　비트코인과 소프트웨어, 분산 네트워크를 통해서 비트코인이 새로 생성될 때마다 다음 비트코인을 생성하기가 점진적으로 더 어려워지도록 설계되어 있다. 과거에는 개별 컴퓨터로 몇 시간 동안 채굴할 수 있었던 비트코인을 현재에는 수천 대의 채굴 전문 컴퓨터로 몇 주 또는 몇 개월 동안 가동해야 겨우 얻을 수 있다.[83]

[그림 6–5] 암호화폐 채굴 장면 (출처: 셔터스톡)

　사토시는 블록체인이라는 기술을 이용해서 기존의 중앙 집중화된 금융시스템(정부 또는 은행이 금융거래에 개입하고 주도하는 방식)을 벗어나 탈중앙화, 즉 개인과 개인이 직접 거래할 수 있는 시스템을 만들고자 하였고 이를 위해 응용 기술인 비트코인이라는 새로운 개념의 가상화폐를 만들어서 소개하고 대중화시켰다는 점에서 큰 역할을 하였다.

82　이중지불 문제는 책 뒷부분에서 다룰 것이다.

83　그래서 비트코인을 채굴하기 위해서 중국에 전기가 저렴한 지역에 엄청난 대수의 PC를 이용한 전문 채굴장이 있고 채굴을 위한 핵심 부품인 GPU 가격은 폭등한 적이 있다. 비트코인 채굴을 위해 소요되는 전기 소모량이 너무 커져 지금은 총 전기 사용량 대비 비트코인 생성을 위해 소비된 전기 양을 측정하고 있을 정도이다.

▶ 이중지불double spending의 문제

사토시가 시도한 것은 현재의 금융시스템을 통하지 않고 개인 간의 금융 거래를 효율적으로 그리고 문제없이 하는 것을 목표로 하였는데,[84] 은행과 같은 중앙에서 거래기록을 관리할 수 있는 주체가 없을 경우 발생할 수 있는 문제 중에 '이중지불double spending'이라는 것이 있다. 말 그대로 동일한 화폐를 가지고 두 번(이중) 결제되어 발생하는 문제이다. 현재 금융 시스템하에서 은행을 이용할 경우 각 은행은 중앙제어 시스템이 있기 때문에 거래 요청이 발생한 순서대로 거래를 진행하면 이중지불의 문제가 발생할 수 없다. 예를 들어 A가 B와 C에게 동시에 1,000원 송금 요청했을 경우(A의 잔고가 1,000원인 경우) 중앙의 시스템은 거래 요청이 들어온 순차적으로 처리한다. B에게 송금 요청이 먼저 들어온 경우, 순서에 따라 거래를 먼저 처리하고 해당 금액을 차감한다. C에게 송금 요청의 경우 이미 A 잔고는 0이 되었으므로 잔액 부족 오류를 출력하면 될 것이다. 그러니까 은행은 B에게 1,000원을 송금하면 잔고가 0이 되니까 C에게는 1,000원을 보낼 수가 없을 것이다. 이는 은행이 거래의 데이터를 집중화해서 관리하고 있기 때문에 가능한 것인데 이러한 집중화된 거래 내역을 장부에 기록하지 않으면 A의 요청에 따라 잔고가 부족하더라도 B와 C에 1,000원이 송금될 수도 있는 것이다. 이를 이중지불의 문제라고 한다.

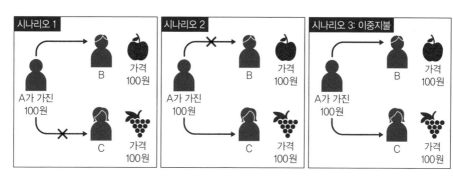

[그림 5-6] 이중지불: 현실 세계에서나 중앙 집중적 금융 시스템상에서는 100원을 가진 사람은 100원만을 지불할 수 있다(시나리오 1, 시나리오 2). 하지만 전산시스템상에서는 100원을 가진 사람이 잔고가 부족하더라도 여러 명에게 돈은 송금할 수 있는 이중지불이 발생할 수 있다.

중앙에서 관리하는 기구(은행과 같은)나 신뢰할 수 있는 거래를 대리해서 관리

---

84 금융거래를 위해서 은행과 같은 중개자 없이 개인 간의 금융 거래(자금의 이동)를 목표로 한다.

하는 조직이 없는 경우(사토시가 만들고자 한 새로운 금융시스템)에는 어떻게 이중지불 문제를 해결하였을까? 비트코인 네트워크는 작업 증명방식proof of work의 합의 알고리즘consensus algorithm을 이용하여 이중지불 문제를 해결하였다. 합의 알고리즘은 쉽게 설명하면 비트코인 거래가 이뤄질 때마다 네트워크 참가자 모두가 거래 내역을 확인(검증)하고 합의하는 것이다. 검증 및 합의를 위해서는 거래 내역을 모두 공유하고 검증에 참여해야 하기 때문에 거래 내역을 모두가 나눠서 보관한다. 이런 방식으로 네트워크에 있는 참가자 전체가 거래 내역을 검증 및 합의를 하는 것이다.[85] 이 과정에서 검증 알고리즘이 작동하는 데 검증과정에 참가자들의 컴퓨터가 필요하고 참가한 개인들에게 기여한 바(검증에 개인의 컴퓨팅 파워를 제공한)에 대한 보상으로 가상화폐(비트코인)를 주는 방식을 나눠주는 것이다.[86]

◆ **블록체인 – 그렇다면 도대체 무엇인가?**

결론부터 얘기하자면 블록체인은 거래 네트워크상에서 구현된 분산 원장distributed ledger 공유 데이터 저장 기술이다. 앞에서 설명한 원장ledger이 여기에서 드디어 등장하는데, 지금까지의 중앙 집중화된 금융시스템의 경우 모든 원장은 분산되어서 저장되는 것이 아니라 어떠한 특정한 기관에서 기록되고 보관되었다. 예를 들어 은행에서 내가 입금/송금/출금하는 정보들은 은행에서 관리하는 원장 시스템에 보관되어 있는 것이다. 과거에는 이러한 거래 내역을 모두 종이로 된 장부에 기입을 하였다면 지금은 컴퓨터 시스템에 기록하고 있는 것이다. 현재 기술과 시스템으로는 중앙의 신뢰할 만한 기관에서 작성한 원장(장부) 기록이 없다면 지금 우리 사회의 금융 거래는 불가능하다.[87]

블록체인은 이러한 현재의 중앙 집중화된 원장에 의존하는 현실을 벗어나서 그리고 현재 금융 시스템이 가지고 있는 문제점(비효율, 비용발생 등의 문제)을 해결할 수 있게 한다. 그렇다면 어떤 식으로 블록체인이 이러한 문제를 해결하는지 알아보자.

85 블록체인 관리 프로그램이 수행하는 과정이다.

86 이 과정이 채굴(mining)이라고 이해하면 된다.

87 위에서 설명한 이중지불 문제부터 각자 다른 장부들을 가지고 자신들의 정보만 가지고 있다면 서로 거래할 때 돈은 주고받은 것을 어떻게 증명하고 확인할 수 있을까? 상상할 수 없는 혼란이 일어날 것이다.

◆ 블록체인의 작동원리

블록체인은 말 그대로 블록block이 체인chain으로 연결되어 있는 것이다. 블록block은 일종의 데이터 저장 공간인데 블록Block 안에 여러 거래transaction 정보가 들어있는 원장이 있다고 이해하면 된다. 블록체인 네트워크에 참여한 참가자들의 PC에 블록block을 가지고 있고 블록block들은 체인같이 전부 연결이 되어 있고 이 연결된 블록체인이 하나의 원장ledger이 된다. 만약 하나의 정보라도 변경이 일어나게 되면(예를 들어 금융 거래가 있었다든지 하는 경우) 그 변경된 정보가 모든 참가자에게 복제/공유하여 모두가 진본을 기록, 저장, 전달하여 동기화하는 과정을 거친다. 모든 블록은 해쉬hash(블록 내에 있는 거래의 기록들과 이전 블록의 해쉬 코드를 암호화한 코드) 코드라는 체인으로 연결되어 있으니까 우리는 이렇게 연결되고 공유된 환경에서 금융거래를 하게 되는 것이고, 모든 정보(원장)을 공유하기 때문에 블록체인을 분산원장distributed ledger 공유 데이터 저장 기술이라고 부르는 것이다.

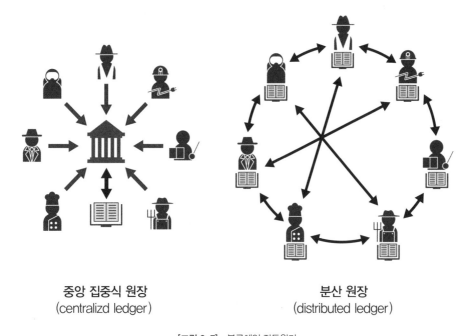

중앙 집중식 원장
(centralizd ledger)

분산 원장
(distributed ledger)

[그림 6-7] 블록체인 작동원리

모든 거래 내역을 블록체인 네트워크에 있는 컴퓨터에 공유하여 저장하기 때문에 특정 개인이나 몇몇의 참가자가 의도적으로 정보를 변경하고자 해도 검증 알고리즘으로 걸러지게 되므로 변경이나 조작이 불가능하다. 그리고 은행이나 기타 다른 중개인을 거쳐 거래할 필요 없이(돈을 주고받을 때는 은행을 통해 이체하듯이) 개인과 개인이 금융거래를 하고자 할 때 자산과 가치를 나타내는 디지털 토큰 기술(비트코인 같은 가상화폐 기술)을 이용하여 일 대 일로peer to peer 거래가 가능하다. 그렇기 때문에 중간에 중개인이 없으므로 수수료도 없고 전자적인 가상화폐를 주고받으므로 시공간에 제약없이 거래가 가능하다. 거래가 이루어질 때마다 거래의 내역은 블록체인 참가자들의 검증 과정을 통해서 확인되므로 그리고 장부의 조작이나 금융 거래 위변조는 기술적 그리고 이론적으로 불가능하다.

◆ 전자화폐 거래 원리

전자화폐(비트코인을 포함하여)가 거래되는 원리에 대해서 조금 더 알아보자. 블록체인 네트워크 안에서 이뤄지는 거래(비트코인을 주고 받는다고 한다면)는 모두 블록block에 기록, 저장된다. 단 하나의 거래가 이뤄지더라도 연속된 체인 안에서 그 거래(트랜잭션)의 시간과 데이터 정보를 기록timestamp한다. 이렇게 저장된 거래의 상세 내역은 블록체인을 통해서 암호화되어 보호하고 거래의 모든 내역을 기록(디지털 로그 파일)하기 때문에 온라인 거래를 안전하게 보호하는 역할을 한다. 그리고 이 거래가 이루어질 때마다 새로운 추가된 정보가 체인에서 계속해서 추가되어 저장되고 모든 참가자들이 이 거래에 대해서 검증하고 합의한 후에 거래가 성사되고 가상화폐가 전달된다.[88]

이러한 방식으로 기존의 금융 거래와 같이 중간에 금융기관을 거치지 않고 순수하게 전자 화폐를 이용해서 P2Ppeer-to-peer(개인 대 개인) 거래가 가능(한쪽에서 다른 쪽으로 직접 보내는)해 온라인 지불을 가능하게 한다. 앞에서 설명하였던 이중지불double-spending의 문제도 참가자들의 검증과 합의를 통해서 방지한다.

비트코인의 블록체인이 모든 원장(거래장부)을 공개적으로 분산, 공유해서 저장하므로 각 참여자는 블록체인의 모든 거래(암호화되어 있는 상태로)를 확인할 수 있다.

---

88 A에게서 B에게로 비트코인이 전달된다고 할 때 검증과 합의 후에 전달이 완료된다.

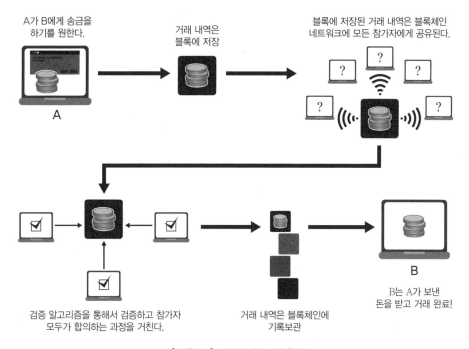

A가 B에게 송금을
하기를 원한다.

거래 내역은
블록에 저장

블록에 저장된 거래 내역은 블록체인
네트워크에 모든 참가자에게 공유된다.

A

검증 알고리즘을 통해서 검증하고 참가자
모두가 합의하는 과정을 거친다.

거래 내역은 블록체인에
기록보관

B

B는 A가 보낸
돈을 받고 거래 완료!

[그림 6-8] 전자화폐의 거래 원리

◆ **그렇다면 왜 블록체인이 왜 좋은 것인가?**

▶ **우선 블록체인은 트랜잭션의 유효성과 무결성을 보장한다**

거래에 있어 가장 중요한 요소 중 하나는 신뢰의 문제이다. 사람 간 그리고 조직 간의 많은 거래가 신뢰를 바탕으로 거래가 이뤄지고 있다. 예를 들어 시장에 가서 소고기를 구매하는 과정에서 원산지의 확인이 필요하다고 해보자. 이 고기가 미국산인지 한우인지 호주산인지 알고 싶을 때 우리는 정육점에서 제공하는 원산지 표시 정보를 본다. 그런데 여기에서 신뢰라는 요소가 개입하는데 일반적으로 업소에서 기재한 정보를 믿을 수밖에 없는 것이 현실이다. 많은 사람들이 한우라고 구입한 소고기가 수입산인지도 모르고 먹는 경우가 얼마나 많은가? 안타까운 현실이지만 알고도 속고 모르고도 속는 것이 현실이다. 그래서 우리는 비싸지만 믿을 만한(신뢰가 가는) 대형마트 또는 백화점에서 똑같은 품질의 제품을 더 비싸게 구매한다. 왜냐하면 더 믿을 만하기 때문이다. 이것은 대형마트와 백화점이 더 믿을 만하다는 신뢰가 있다는 전제에서 시작하는 것이다. 속지 않고 사기 당하지 않

113

기 위해 더 많은 비용을 지불하는 것인데 만약 소고기에 바코드가 있고 이를 나의 스마트폰의 카메라로 스캔하여 소고기의 원산지와 유통과정 그리고 상품의 이동 이력이 나온다면 훨씬 신뢰도가 올라갈 것이다. 이렇듯 만약에 소고기라는 상품이 생산, 이동 그리고 판매되는 모든 트랜잭션(거래)의 데이터가 유효하고 무결하다면 이렇게 좋은 방식으로 바꾸지 않을 이유가 없다. 이는 블록체인으로 식자재 유통시스템 혁신을 가져다 줄 수 있다는 가능성을 제시한다. 뒤에서 사례를 통해서 더 설명하겠지만 우리 사회 전반 그리고 산업에 걸쳐 블록체인 기술을 적용하여 기존의 삶의 방식 그리고 비즈니스의 혁신을 주도할 기술이 블록체인이라고 할 수 있다.

▶ 제3자 또는 중개자로 인한 지연과 비용 없이 신뢰할 수 있는 환경에서 개인 대 개인의 직접 거래를 수행 가능하다.

우리가 살아가고 있는 여러 영역에서 그리고 이뤄지고 있는 거래의 많은 부분에 중개자(혹은 에이전트라고도 불리우는)를 이용한다. 표준화된 제품 이외에 가치 변동이 심하거나 상품의 정보가 부족한 경우는 중개인을 이용할 수밖에 없는 경우가 많다. 우리 주변의 중개인의 예시는 다음과 같다.

- 아파트 전세 또는 구매 시 부동산 중개인
- 외화(달러, 유로) 송금 시 은행(국내 은행, 외국 은행 등)
- 농수산물을 구매 시 직거래 보다는 시장의 상인을 통해 구매하는 경우

중개자 또는 중개인의 역할은 단순하게 정의하기는 어렵지만 거래를 촉진하는(부동산의 경우 매물을 찾아서 소개하는 역할) 것 이외에 거래 과정에서 일종에 위험관리를 위한 안전판 역할 또한 한다고 할 수 있다. 개인과 개인의 직접 거래시 발생할 수 있는 여러 가지 위험리스크 등을 중개인들이 관리해 준다든지 또는 금융 거래 시에도 송금 사고 등 발생할 수 있는 위험 요소들을 중개인을 통함으로써 위험을 줄이는 역할을 한다고 할 수 있는데 이러한 서비스를 제공받고 사용자는 대가로 수수료 명목으로 비용을 지불하고 있다. 또한 계약을 하는 과정에서 발생하는 여러 가지 문서 작업 그리고 그로 인해 발생하는 비용과 더불어 소요되는 시간 등이 일종이 비효율이라고 할 수 있는데 블록체인이 이러한 중개인 없이 직접 peer-to-peer(개인 대 개인)의 거래를 할 수 있는 토대를 마련할 수 있다. 예를 들어 현재 미국에 있는 가족에서 달러를 보내기 위해서는 한국의 은행에서 외화 송금 신청을 하고 송금을

요청한 다음 최소 하루가 지난 다음 미국에 있는 은행에 계좌에 송금한 금액이 보내진다. 현재 시스템은 외환 거래를 하기 위해 한국에 있는 은행 그리고 미국에 있는 은행이 중개자 역할을 하고 수수료를 받아 가는 구조이다. 하지만 블록체인으로 구현된 가상화폐를 이용한다면 거의 실시간으로[89] 한국에 있는 가상화폐 지갑wallet에서 미국에 있는 가족의 가상화폐 지갑Wallet으로 보낼 수 있다. 당연히 수수료는 없다(무료!).

▶ 블록체인은 기업에게 있어 혁신의 기회이다.

위와 언급한 블록체인 기술 장점(유효성/무결성 그리고 효율/비용절감)을 통해 기업들은 산업 전반에 무궁무진한 응용을 할 수 있다. 그렇기 때문에 글로벌 기업들이 앞다투어 블록체인 시장에 참여하고 개발에 나서는 이유이다. 가상화폐는 그중 하나의 응용 분야에 불과한 것이고 금융, 정부 분야를 포함한 공공 분야, 의료(헬스케어), 유통 등을 포함한 사회 전반적인 분야에 적용 및 응용이 가능한 기술이다. 블록체인의 응용분야에 대해서는 뒷부분에서 자세하게 소개하도록 하겠다.

◆ 블록체인의 종류

블록체인의 종류에 대해서 알아보자. 블록체인의 종류는 블록체인 네트워크에 참여한 참가자가 어떠한 형태로 구성되어 있느냐, 즉 블록체인의 네트워크에 참여할 수 있는 자격 여부에 따라 구분된다.

크게 3가지의 종류로 구분할 수 있는데 1) 퍼블릭 블록체인(개방형), 2) 프라이빗 블록체인(폐쇄형, 허가형) 그리고 3) 하이브리드 블록체인(퍼블릭과 프라이빗이 혼합형)으로 나눠진다.

▶ 퍼블릭 블록체인(개방형)

퍼블릭 블록체인은 누구든지 자유롭게 참여할 수 있는 공공 블록체인 혹은 개

---

89 비트코인의 경우는 기술적인 요인으로 인해 실시간으로 전송이 되지는 않는다. 거래 체결을 위한 검증 과정에 소요되는 시간이 어느 정도 걸리기 때문이다. 하지만 다른 가상화폐의 경우 기술적으로 실시간 전송이 가능하다.

방형 블록체인이라고 한다. 인터넷이 연결되는 환경이라면 누구나 블록체인 네트워크에 참여할 수 있다. 참여하기 위해서 조직이나 개인의 블록체인 네트워크에 참여하고자 하는 누구든지 네트워크(인터넷)에 연결된 기기(컴퓨터, 스마트폰, 서버, 컴퓨터 채굴기)를 이용하여 참여할 수 있기 때문에 퍼블릭(개방형) 블록체인이라고 한다. 운영과 참여의 주체가 불분명하기 때문에 참여를 유도하기 위해서 인센티브 제도인 토큰token, 즉 비트코인과 같은 암호화폐 등을 발행하여 운영된다. 블록체인에 참여하는 개별 기기들을 노드node라고 하는데, 각 노드node들은 블록체인에 저장된 정보를 복사/보관할 수 있고 연산을 수행(거래의 검증을 위해)하여 새로운 블록을 생성할 수 있다. 대표적인 암호화폐인 비트코인, 이더리움이 이러한 개방형 형태의 블록체인으로 운영되고 있다. 그렇게 때문에 누구든지 블록체인 네트워크에 참여하여 비트코인을 거래할 수 도 있고 채굴도 할 수 있는 것이다.

▶ 프라이빗 블록체인

프라이빗 블록체인private blockchain은 특정 조직이나 단체에서 특별한 목적을 가지고 만들어진 블록체인 네트워크이다. 그렇기 때문에 누구든지 그 블록체인 네트워크에 참여할 수 있는 것이 아니고 단체나 조직에서 허락 또는 허가받은 사람만 블록체인 네트워크에 참여할 수 있는 블록체인이다. 운영과 참여의 주체가 분명하기 때문에 참여를 유도하기 위해서 암호화폐 같은 코인을 발행할 필요도 없고 그러한 인센티브를 제공하여 운영하지 않아도 된다. 하나의 기관 또는 기업의 관리자가 정해져 있고 그 관리하에서 사용되기 때문에 블록체인, 데이터 관리와 검증, 거래 내역에 접근하기 위해서는 관리자의 허가를 받아야 가능하다. 블록체인의 장점을 이용하지만 중앙에서 시스템을 통제하고 분산 데이터베이스Distributed Database의 형태로 현재 전통의 시스템에서 블록체인의 보안의 장점 그리고 유효성, 검증성의 특징이 필요하기 때문에 이러한 프라이빗 블록체인을 도입하는 것이다. 미국의 대형 유통 체인인 월마트Walmart가 식재료의 생산과 유통 과정 전체에 프라이빗 블록체인 기술을 적용하여 실시간으로 위생 상태를 점검할 수 있는 시스템을 개발하였다. 미국에서는 신선 식재료(야채와 같은)를 멕시코나 남미에서 수입을 많이 하는데 이러한 식재료의 생산부터 이동에 있어서 전반적인 유통 이력을 프라이빗 블록체인 기술을 이용해서 추적 관리하는 것이다. 또한 삼성 SDS에서 중고차 이력관리 시스템을 블록체인 기술을 적용하여 개발하였는데 이 또한 프라이빗 블록체인의 예이다. 중고차 시장은 블록체인을 적용하기 좋은 예인데,[90] 중고차 구매자는 차량의 사고 이력에 민감할 수 밖에 없는데 블록체인 기술을 통해 중고차 시장에서 위조가 불가능한 차량의 수리, 사고 상태를 한눈에 확인하고 구입할 수 있는 중고차 이력 서비스를 개발한 것이다.

▶ 하이브리드 블록체인

하이브리드hybrid 블록체인은 퍼블릭public 그리고 프라이빗private 블록체인을 혼합한 형태이다. 양쪽 장점을 취합한 방식이고 기존 형태의 단점을 보완하고 장점을 극대화할 수 있는 형태이기 때문에 앞으로 빠르게 보급될 것으로 예상된다.[91]

◆ 블록체인 비즈니스 적용 소개

▶ 금융 분야

은행을 포함한 금융 분야는 대표적인 보수적인 그리고 전통적인 방식으로 운영되는 분야이다. IT기술의 발달에 따라 과거보다는 훨씬 접근성이 높아지고 편리한 방식으로 서비스를 이용 가능하기는 하지만 그 이면을 보았을 때 기존의 업무 방식을 IT기술을 이용하여 효율화한 정도에 불과하다. 예를 들어 과거에는 은행에서 계좌 계설을 하거나 대출을 받고자 하였을 때 은행을 방문하여 문서 기반의 신청서를 작성하여 서비스를 신청하고 이용하였던 것에 비해 지금은 스마트폰 앱 또는 온라인 뱅킹을 이용해서 전자 문서 형태로 서비스를 이용할 수 있기는 하지만 큰 틀에서 업무의 프로세스는 크게 변화하지 않았다. 돈을 취급하는 특성상 업무 자체가 높은 수준의 정확성을 요구하고 분야 자체가 보수적이다. 그리고 업무 프로세스에서 사람이 개입하는 정도가 높으며 기존 결제 시스템이 가지고 있는 비효율성 그리고 제한된 투명성 및 보안 취약점으로 인해 산업의 혁신 자체에 한계가 존

---

90 중고차 시장의 특성상 딜러 또는 중개인이 많고 이런 이유로 블록체인을 적용하기 좋은 분야이다.

91 하이브리드 블록체인은 퍼블릭 블록체인과 프라이빗 블록체인을 연결하거나 혹은 두 특징을 갖춘 기술이다. 블록체인의 철학인 탈중앙화를 다소 희생하지만 관리의 편의성을 높여 사용자 관점에서 편리성과 서비스 중심으로 갈 수 있다.

재하고 있는 것이 현실이다.

블록체인 기술은 책임 있고 투명한 거버넌스(Governance 관리체계) 시스템, 이해관계자 간의 향상된 합의 그리고 빠른 업무 프로세스 처리, 안전한 기술 인프라 및 효율적인 비즈니스 모델을 통해 이러한 과거의 산업 자체의 한계 문제를 해결할 수 있다.

또한 블록체인을 통해 금융 상품의 디지털화를 통해 유동성 증대(거래 되는 빈도와 양 자체의 증가), 자본 비용 절감(수수료 또는 운영 비용의 절감), 거래 상대방 위험 감소(거래 자체에 있어서 신뢰도 증가) 및 기존 금융 산업의 혁신 및 신규 비즈니스 모델 개발의 기회를 제공할 수 있다. 세부 분야의 예시를 통해서 조금 더 알아보도록 하자.

| 자금 전송과 결제 분야 |

블록체인으로 금융 분야에서 가장 빠르게 적용이 가능한 분야는 바로 자금 전송과 결제 분야이다. 블록체인을 통해서 자금 전송과 결제 시스템을 구축한다면 빠르고 안전하게 물품 구입 대금을 지불 가능하다. 무엇보다 해외 업체와 거래 시 대금 지불에 있어서 혁신을 이룰 수 있는데 현재에는 많은 수출입 업체들은 대금 지급을 위해서 외환 거래를 해야 하는데 외환 거래를 위해서 금융 기관의 서비스를 이용해서 수수료를 지급하고 환율 변동에 따른 리스크를 항상 감수하여야만 하였다. 하지만 가상화폐 같은 블록체인으로 구축된 코인 또는 화폐를 이용하여 자금을 전송할 경우는 거의 실시간으로 중개자에게 수수료 지불 없이 서비스를 이용할 수 있다.

페이스북이 2019년에 발표한 리브라Libra는 페이스북이 주도하는 블록체인 기반 디지털 화폐로 기존 금융권에 계좌가 없는 사람들(약 17억 명으로 추산)에게 페이스북 메신저 등을 활용하여 결제 또는 송금서비스를 제공할 수 있다. 월평균 이용자 수만 24억 명이 넘는 페이스북에서 화폐를 대신해 쓸 수 있는 가상화폐.[92] 달러, 유로화 등과 일정비율로 교환할 수 있는 코인이기 때문에 이 코인이 활성화되면 이제 우리는 은행을 통해서 해외에 있는 친구에서 돈을 보낼 필요가 없다. 그냥 페이스북에서 리브라를 주고받으면 되는 것이다. 업계 전문가들은 일 이용자만 15억 명이 넘는 페이스북의 리브라 프로젝트가 성공한다면 신용카드를 뛰어넘는 네

•••••
92 https://ko.wikipedia.org/wiki/리브라_(암호화폐)

트워크 우위를 확보할 수 있다고 내다봤다.

페이스북 이용자라면 누구나 실시간으로 페이스북을 통해서 돈을 보낼 수 있다는 것은 상상만 해도 엄청만 혁신이다.[93] 페이스북은 이 프로젝트를 통해서 글로벌 금융 네트워크를 접수하고자 하는 것으로 보인다. 그렇기 때문에 미국 의회에서는 기존 금융시스템과의 충돌 여부 그리고 위험 요소 등을 이유로 페이스북의 리브라 프로젝트를 중단해 줄 것을 요청하였다. 그 이면에는 리브라 프로젝트가 세계의 기축통화인 달러에 위협이 되기 때문이었을 것이고 이러한 배경으로 미국 연방거래위원회FTC는 여러 가지 다른 이유로 페이스북에 50억 달러의 벌금을 물리는 방안을 승인하였다. 그런 이유로 결국 페이스북은 미국 정부의 우려로 인해 리브라 출시를 연기하겠다고 발표하였다. 현재 전 세계의 대부분의 국가가 달러를 세계의 통화로 인정하는 상황에서 세계 최대 소셜네트워크인 페이스북이 가상화폐를 통해 금융 네트워크를 접수한다면 엄청한 금융계의 지각 변동이 이뤄질 것이기 때문에 많은 이해관계자들이 반대한 것으로 보인다.

▶ digital identity디지털 신원 **분야**

현재 온라인 또는 오프라인 서비스 이용을 위해서 대다수의 경우 신원확인을 요구하고 있는데 과거에 신분증/등본/초본/인감증명서가 이용되었다면 지금은 디지털 방식으로 본인 확인을 하고 있다. 이렇듯 디지털 신원은 웹에서 개인정보를 사용하거나 온라인에서 여러 거래에서 있어 나의 신원을 보증하는 정보이다. 아이디 패스워드는 가장 기초적인 본인 확인의 도구이고 공인인증서가 우리나라에서 가장 널리 쓰여지는 디지털 신원확인 도구이다. 공인인증서에는 암호화된 방식으로 개인정보가 포함되어 있어 다양한 서비스 이용에 있어 본인 확인을 시켜주는 데 디지털 신원을 형성하는 데 도움이 되는 데이터 포인트에는 사용자 이름과 암호, 운전 면허 번호, 온라인 구매 내역, 생년월일, 온라인 검색 활동, 의료 기록 등도 포함될 수가 있다. 또한 본인 확인을 위해서 생체 인식(지문이나 홍체인식 또는 얼굴인식), 패턴 등도 개인의 신원을 구성하는 요소가 될 수 있다. 매년 데이터 유출 사고가 급증함에 따라 개인 신원 정보를 안전하게 저장하고 관리하는 것이 점점 어려워지고 있다. 하루가 멀다하고 오는 피싱 전화와 메일 그리고 뉴스에서는 잊을 만하면 터

93 심지어 은행 계좌가 없어도 되고 거래 수수료도 없다.

지는 데이터 유출 사고 등 사이버 보안과 관련한 사건 사고가 급증하고 있으며 해커들은 최첨단 기술로 공격을 방어하는 대형 온라인 서비스 업체의 정보를 탈취하는 것 뿐 아니라 나의 스마트폰에 저장된 정보까지 들여다 볼 정도로 다양한 방식으로 우리의 개인정보를 수집하여 악용하고 있는데 블록체인 기반 디지털 신원 관리 시스템이 이러한 문제를 해결하는데 새로운 대안으로 제시되고 있다. 현재 디지털 신원 관리 시스템은 다음과 같은 한계를 보여 주고 있다.

| inaccessibility |

쉽게 말해서 많은 사람들이 디지털화된 신원 증명 방법이 없다. 우리 나라는 세계적으로도 디지털화가 상당히 진척된 나라이지만 세계적으로 볼 때 아직도 자신의 신원을 증명할 방법이 없고 그나마 증명 가능한 문서도 신뢰도가 낮은 경우가 많다.[94] 전 세계 약 11억 명의 사람들이 자신의 신원을 증명할 증거를 가지고 있지 않으며, 이러한 신분 증명이 불가능한 사람들의 45%는 지구상에서 가장 가난한 20%에 속한다고 한다. 전통적인 신분 확인 절차는 대부분 문서를 통해서(관공서에서 발급하는 문서) 그리고 번거로운 신분 확인 서류 처리 과정, 비용, 낮은 접근성(관공서가 멀고 대기 시간도 길다) 및 개인 신원에 대한 간단한 지식 부족(관공서를 이용할 줄 모르는 사람도 많다)은 10억 명이 넘는 개인을 전통적인 신원 확인 시스템의 사각지대에 두는 주요 장애물이다.

신원 증명이 불가능하다고 상상해 보자. 물리적 신원이 없으면 학교에 등록하거나 일자리를 찾는 것도 불가능하고 여권을 발급 받거나 많은 정부 서비스를 이용할 수 없다. 기존 금융 기관에 가서 계좌도 열 수 없고 대출도 받을 수 없다.

그런데 반대로 놀라운 사실은 세계적으로 신원 증명을 할 수 없는 사람 27억 명 중에 중 60%는 이미 휴대폰(스마트폰)을 소유하고 있다는 것이다.[95] 이러한 환경에서 신원 및 신분을 증명할 수 없는 환경의 사각지대에 위치한 사람들을 위해서 스마트폰으로 접근가능한 블록체인 기반의 모바일 신원 솔루션을 통해서 신원 증명의 길을 열어준다면 이 모든 사람들의 삶의 질(학교도 가고 은행계좌도 열 수 있는)을 손쉽게 높일 수 있는 것이다.

······
94 우리나라는 신분증 위변조가 어렵고 신원조회 시스템이 잘 되어 있는 편이지만 영화를 보면 외국에 많은 나라에서 위조 문서로 자신의 신분을 쉽게 속이는 장면이 나온다.

95 신분증은 없어도 스마트폰은 보유하는 것이 삶에 더 도움이 되는 것이 현실인가 보다.

암호화 기술이 발전하고 블록체인 기술이 등장함에 따라 새로운 아이디ID 관리 시스템을 구축할 수 있게 되었는데, 분산 식별자DID: Decentralized Identifier(분산 아이디)의 개념을 기반으로 하는 디지털 신원 프레임 워크이다. DID는 탈중앙화 신원증명Decentralized Identifier(분산 아이디)의 약자이다. 기존 신원확인 방식과 달리 개인이 자신의 정보에 통제권을 가지는 기술이다. DID는 블록체인 기술로 만든 신원증명 시스템인데 암호화폐와 같이 분산원장 혹은 탈중앙화 시스템이 사용자의 신원 증명 과정을 대신한다. 그러니까 기존의 일반적인 신원증명 시스템은 중앙화된 시스템, 즉 정부에서 구축된 데이터베이스에 대한민국 국민의 정보를 보관하고 이를 증명 요청 시 발급하는 구조이다. 즉, 개인에 대한 신원증명을 중앙 정부가 대신하는 것이고 중앙 정부의 서비스에 의존하는 구조라고 생각하면 된다. 블록체인에 기반한 신원확인 시스템은 이와 달리 개인정보의 소유자인 사용자가 자신의 정보를 관리하고 통제할 수 있다는 특징을 갖는다.[96]

우리가 지갑에서 주민등록증을 보관하고 필요할 때 꺼내 나를 증명하는 것처럼, 블록체인 신원증명 시스템이 보급되면 나의 스마트폰에 담긴 개인 블록체인 월렛(지갑)에 내 개인정보를 담아 필요한 때 개인키를 입력해 나를 증명하는 방식으로 바뀔 것이다.[97] 또한 블록체인 기술 자체의 높은 보안성Data insecurity과 데이터 유효성 검증에 높은 신뢰성으로 개인정보 유출의 걱정 없이 그리고 신원 조회 시 정보의 왜곡이나 조작Fraudulent identities에 대한 우려 없이 서비스를 이용할 수 있다.

블록체인을 이용한 신원 증명 시스템과 기존 인증 시스템의 가장 큰 차이는 검증자(기존의 경우는 정부 또는 신용정보조회 업체)가 개인정보를 가지고 있냐 아니냐인데 기존 시스템은 특정 사이트 또는 자신들의 데이터 베이스에 개인의 정보를 보관하고 이 정보를 통해서 사용자를 식별했다면 블록체인 ID 관리 시스템은 블록체인 기술을 이용해서 이를 검증하여 사용자를 식별한다는 것이다. 그렇게 때문에 스마트폰만 가지고 있으면 전 세계에서 누구든지 실시간으로 자신의 증명할 수 있다. 스마트폰을 들고 다니면 외국에 가서 해외 은행 계좌를 개설하고 대출도 받을 수 있고 병원에 가서도 원스톱으로 서비스를 이용할 수 있는 시대가 온다는 것을 의미한다.

▶ 의료 분야

의료 산업health care은 블록체인 기술의 혜택을 크게 누릴 수 있는 분야이다. 모두가 잘 알듯이 고령화 그리고 저출산으로 인하여 대부분의 선진국은 빠른 미래에 극적인 인구 구조의 변화를 겪게 될 것이고 이로 인해 의료 산업은 급격한 변화와 성장이 이어질 것으로 예상된다. 지난 30년 동안 헬스 케어 산업은 중앙 집중식 데이터 시스템[98]과 과거의 건강 데이터 규제와 관련 법규에 따르는 시스템을 유지해 왔다. 시대의 변화 그리고 기술의 발전에 따라 의료 관계자들 또한 항상 전자 의료 기록EMR: Electronic Medical Record과 관련한 의료 데이터를 디지털화하여야 한다는 필요성은 느껴왔다. 이로 인해 요즘 병원에서 의사와 간호사가 과거와 같이 종이로 된 차트를 이용해 환자의 진찰 기록을 보관하는 곳은 찾아보기 어렵다. 병원마다 구축된 의료정보 시스템을 이용해서 환자의 정보를 보관하고 이를 환자 관리에 적극적으로 이용하고 있는데 이렇게 수집된 정보는 아주 높은 수준의 보안 관리가 필요한 개인정보이다. 환자의 병원 방문 이력 그리고 치료와 관련된 정보 등은 개인들에게는 민감한 개인정보이기 때문이다. 하지만 효율적인 업무 수행(치료 목적) 또는 공공의 목적(의료 연구 및 제약 개발 목적 등)으로 여러 의료계의 구성원들(병원, 보험회사, 의료 관련 연구 기관 등) 사이에게 공유가 필요한 경우가 많다. 예를 들어 A라는 병원에서 치료를 받던 환자가 B라는 병원에 의사 선생님께 치료를 받기 위해 병원을 옮기고 싶을때 과거 진료 기록을 어떻게 공유해야 할까? 현재는 병원 또는 의료 서비스 제공자, 제약회사 및 건강 및 의료 생태계의 여러 이해당사자가 소유한 정보를 처리하기 위해 각자가 구축한 중앙 시스템의 데이터 베이스에 보관하고 있고 온라인이나 전자적으로 서로 간의 정보 공유가 불가능하였다. [99]

관련 법규와 규제로 인한 이유도 있겠지만 환자가 다른 의료 서비스 제공자와 상담하거나 의료 서비스를 받으려고 할 때 또는 임상 시험 관리자가 참가자의 방대한 의료 데이터를 확인하고자 할 때 의료 데이터를 안전하게 공유할 수 없고 의료 기록의 관리가 불완전하기 때문에 환자는 자신의 정보를 찾는 데 소중한 시간과 자

· · · · ·
98 모든 환자의 정보는 각자의 병원에서 그리고 건강 보험 관련 정보는 정부의 관련 기관에서 보관한다.
99 A 병원에 방문하여 차트 기록을 서류로 받거나 CD에 담은 검사 및 치료 기록을 B 병원에 제출하는 방식이다. 세상이 디지털화되고 있는 21세기 현재 이런 방식으로 정보 공유가 이뤄지고 있다.

원을 소비해야 한다. 이로 인해 수많은 중복 의료 서비스(예: 중복 혈액 검사 또는 신체 검사)가 이뤄지고 있고 응급 상황에서 치료를 제공하는 의사 및 의료 전문가는 환자의 병력이나 과거 이력 정보를 실시간으로 조회하는 데 한계가 있다(예: 환자 알레르기, 약물 투여 등).

블록체인 기술은 의료 전문가 및 전체 의료 업계가 환자의 민감한 개인 데이터를 투명성하게 그리고 높은 보안성을 가지고 실시간으로 조회하고 활용할 수 있도록 해서 효율적인 의료 서비스 제공과 그리고 중복 서비스로 인해 발생하는 비용을 절감 할 수 있도록 도와준다.

다음과 같은 응용 제품이 블록체인 기술을 이용해서 의료 분야에서 이용가능하다.

| 전자 건강 기록HER: Electronic Medical Record의 안전한 관리 |

블록체인은 분산 데이터베이스를 통해 의료 커뮤니티(병원, 보험사, 제약회사 등)에서 안전하고 표준, 구조화된 데이터 공유를 가능하게 한다. 이러한 방식으로 환자 데이터 및 개인의 정보를 보호하면서 필요한 사람에게만 환자의 의료 기록을 공유하도록 한다. 이로 인해 의료 네트워크에서 의료 서비스 이용자의 정보가 필요한 수준으로만 공유되고 실시간 조회가 가능하다. 의료 관계자들은 공유 데이터를 사용하여 효율적이고 높은 의료서비스 제공하면서 비용 절감(중복 검사 및 진료 방지) 효과가 있으며 그리고 효과적인 연구(객관적이고 정확한 데이터 베이스 확보가 가능하기에)를 통해 의료 분야에 과학적 진보를 촉진할 수 있을 것이다.

| 환자 동의 관리 |

블록체인 네트워크 환경에서 데이터의 소유권 및 관리 그리고 제어의 권한은 바로 데이터의 생성한 본인에게 있다. 과거에는 병원에서 데이터를 소유하고 환자는 자신의 병원 기록에 대해서 제어할 방법이 전혀 없었다. 블록체인은 개인정보의 프라이버시 및 권한 레이어(데이터에 접근 가능한 사람에 대한 제어: 예를 들어 의사는 나의 질병 이력을 볼수 있지만 제약회사는 볼수 없게 하는 식)를 통해 체계적으로 개인정보에 대한 데이터 소유권 관리를 가능하게 한다. 환자는 의사가 자신의 프로필에 입력한 특정 의료 정보를 변경하거나 삭제할 수 없고 다른 의료계 관계자(예를 들어 의료 연구를 수행하는 대학에 소속된 연구원)에게 나의 정보 전체 또는 일부분에 대해서 열람이 가능한 접근권한을 부여하는 등 정보 공개를 세부적으로 제어할 수 있다.[100] 이렇듯 블록체인을 통해서 개인의 민감한 의료 정보에 대한 제어권을 병원이나 의료기관이 아닌 환자 본인에게 돌아가는 근본적인 변화를 이룰 수 있다.

| **약물의 추적성** |

각 병원에서는 민간한 약물에 대해서 자체적인 관리를 한다. 예를 들어 중독성이 있거나 환각 효과가 있어 다량을 복용하면 안 되는 약물의 경우는 각 병원의 담당자가 보관 중인 약물의 종류와 수량을 주기적으로 정부 관계 기관에 보고해야 한다. 이런 방식으로 약물의 관리와 치료 목적이 아닌 의도 외의 사용을 막고자 한다. 하지만 그 관리 방식이라는 것이 병원의 담당자가 수량을 세고 누구에게 얼마만큼을 처방하였는지를 수기로 보고하는 것이 현실인데 이러한 시스템하에서는 그 정보의 신뢰도는 의료 관계자의 의식 또는 윤리 수준에 의존하고 있다.[101]

블록체인을 기반으로 한 약물추적시스템을 이용하면 약물을 생산한 제약회사는 블록체인에 제품을 등록하고 생산부터 유통 그리고 의료기관에 도착 후 최종 소비자로의 이동을 추적할 수 있다. 이런 과정을 거쳐 감독기관은 약물이 현재 위치하고 있는 정보 그리고 수량 그리고 판매가 되었을 때 누구에게 어떠한 이유로 처방되었는지 그리고 의료기관마다 재고 수량 파악 등 그 상세한 이력을 실시간으로 추적 관리할 수 있다.

◆ 블록체인의 미래

다른 4차 산업혁명 기술에 비해 블록체인은 우리의 삶 그리고 산업현장의 적용에 있어 시작단계라고 말할 수 있다.[102] 가상화폐를 제외하고는 적용 분야가 일반적인 개인을 대상으로 하기 보다는 우리의 사회를 구성하는 기간 시스템에 대한 응

ㆍㆍㆍㆍㆍ

100 현재는 내 정보가 누가 열람해 보는지 어느 정도 수준에서 공유가 일어나는지 해당 개인은 알 방법이 없다.

101 그렇기 때문에 가끔 중독성이 높은 약물을 병원에서 이윤을 목적으로 과다 또는 허위 처방을 통해서 판매하고 이러한 문제가 사회적 이슈로 대두되기도 한다.

102 블록체인을 이용한 다양한 아이디어와 비즈니스 적용 사례가 나오기 있지만 가상화폐 이외에 우리가 체감하는 수준은 낮은 단계이다.

용 가능성이 크기 때문이다.[103] 블록체인을 이용한 금융 관련 그리고 디지털 신원 확인 시스템 등의 도입은 단순한 과거의 시스템 개선, 효율 증대, 비용 절감, 보안 개선 등의 장점을 넘어선 우리가 과거 수십 년 전에 구축, 보급되어 익숙히 사용 중인 그리고 지속적으로 개선해 왔던 사회 운영 시스템의 근간을 바꾸는 방식의 개선과 혁신을 제시할 수 있다. 그렇기 때문에 단순히 기술을 통해서 가치를 창조하는 수준을 넘어서 기존 프로세스를 근본적으로 대체하기에 이해관계자와의 이해 상충 문제[104] 등이 발생하여 장점이 명확함에도 짧은 시간 내에 기술의 도입과 보급에 어느 정도 한계가 존재한다. 하지만 블록체인의 가능성은 무궁무진하고 우리의 삶을 획기적으로 개선함과 동시에 새로운 일자리 창출 그리고 비즈니스 기회가 확대됨이 믿어 의심치 않기에 더욱 주목할 기술일 것이다.

103 앞에서 설명하였듯이 블록체인이 만들어지게 된 동기 또한 기존 금융 시스템의 문제점을 해결하고자 함이었고 디지털신원증명/건강정보시스템/스마트계약 등 사회를 구성하고 움직이는 체계에 대한 개선 그리고 대체 등에 대한 응용 분야가 많다.

104 페이스북의 가상화폐인 '리브라'를 두려워하는 기존 금융권과 정부가 좋은 예이다. 스마트 계약 기술 등으로 사라질 중개인 등의 기존 직업군과 기존 사회 시스템에서 수익을 얻어왔던 이해관계자 들의 격렬한 저항이 있을 것이다.

가상현실과 증강현실

Virtual Reality & Augmented Reality

◆ **렌즈를 통해 보게 되는 새로운 세상**

제조업이 산업 생태계를 주도하던 2000년대를 넘어 4차 산업혁명 시대에 놓여진 우리는 플랫폼 시대에 살고 있다. 글로벌 기업들은 각자의 방식으로 독자적인 플랫폼을 구축하고 이를 통해 산업경제를 주도하려 하고 있다. 2007년 애플의 아이폰이 등장하였을 때 기존의 IT 플랫폼[105]에 지각변동이 일어나고 스마트폰 플랫폼이라는 새로운 시대를 창출했다. 아이폰은 기존의 휴대전화의 개념을 완벽히 바꿔 놓았고 모든 IT기술의 집약체가 되는 중심 기기로 탈바꿈 시켰다.

그렇게 스마트폰의 시대가 도래하고 벌써 10년이란 시간이 훌쩍 지나갔다. IT 플랫폼은 그동안 대략 10년을 주기로 바뀌어 나갔는데 1990년대는 PC 통신의 시대였고, 2000년 대에는 PC와 웹의 시대, 2010년대에는 스마트폰, 무선 인터넷의 시대가 열렸었다. 그렇다면 포스트 스마트폰 시대의 주역은 어떠한 것이 차지할 것일까?

바로 가상현실VR: virtual reality과 증강현실AR: augmented reality이 새로운 플랫폼으로 IT산업의 강자로 떠오르고 있다. 기존의 스마트폰 기반의 콘텐츠를 뛰어 넘어 렌즈를 통해 보게 되는 새로운 경험과 꿈의 공간은 사람들에게 매력적으로 다가오고 있다. 이러한 가상/증강현실의 개념은 오래전부터 공상과학 소설, 영화 등을 통해 소

· · · · ·
105 플랫폼이란 어플리케이션이나 소프트웨어를 작동 시킬 때 바탕이 되는 운영체제(OS: Operating System)를 말한다. 이때는 PC 플랫폼(마이크로소프트 윈도우나 애플의 맥 OS)이 IT업계를 주도하고 있었다.

개되어 왔다.[106] 그렇다면 왜 최근에 들어 이러한 가상/증강현실이 더 각광을 받게 된 것일까?

바로 테크놀로지의 급격한 발전에 있다. 현대의 발전된 디스플레이, 네트워크, 센서 기술들을 통해 가상의 세계를 더욱 현실처럼 표현하는 것이 가능해졌다. 이러한 기술의 발전에 힘입어 이제는 일반인들이 합리적인 비용으로 마치 현실과 같은 상상의 세계를 체험할 수 있게 된 것이다. 이러한 기술의 발달은 가상/증강현실이 다양한 산업에 활용될 수 있는 무궁무진한 가능성을 보여줬으며 이 플랫폼을 매개체로 새로운 콘텐츠들이 앞다투어 개발되고 있다. 그렇다면 지금부터 가상현실과 증강현실은 무엇이며 어떠한 이유로 새로운 산업 생태계를 빠르게 구축해 나가고 있는 지에 대해 전반적인 내용을 살펴보도록 하자.

◆ **가상현실이란?**

먼저 가상현실이란 무슨 뜻일까? 가상현실이란 말 그대로 컴퓨터로 구축한 가상의 세계에 사람이 실제와 비슷한 체험을 하도록 유도하는 기술을 말한다. 다양한 방식으로 가상현실을 구축할 수 있는데, 그중 가장 널리 알려진 방식이 머리에 고글형 디스플레이head mounted display를 장착하고 렌즈를 통해 가상현실을 체험하는 것이다. 이러한 장면은 가상현실 게임 혹은 TV 프로그램 등에서 자주 본 적이 있을 것이다. 즉, 렌즈를 통해 사용자는 3차원의 입체적인 환경을 체험하게 되고 이는 사람의 뇌에 끊임없는 자극을 주어 자연적으로 그 환경에 속해 있는 것처럼 착각하게 되는 것이다.

이때 사용자는 가상현실에 단순히 몰입하는 것에서 더 나아가 조작 장치나 명령을 통해 주변 환경들과 상호작용을 할 수 있다. 예를 들어 가상현실 격투 게임에서 사용자는 가상의 공간의 주인공이 되어 적과 대결을 펼치게 된다. 이를 통해 사용자는 게임의 환경에 더 몰입하게 되고 자신이 그 환경 안에 속해 있는 것처럼 행동하게 되는 것이다. 그렇다면 증강현실은 도대체 가상현실과 어떠한 차이가 있을까?

• • • • •
106 '오즈의 마법사' 저자인 라이먼 프랭크 바움이 1901년 출간한 'The Master Key'라는 책에서 증강현실의 개념을 소개시킨 바 있다.

[그림 7-1] 가상현실 격투 게임 (출처: 게티이미지뱅크)

◆ 증강현실은 가상현실과 다르다?

가상현실은 보여지는 환경을 모두 완벽한 가상의 세계로 구축하는 것에 반해 증강현실은 실제의 환경에 가상의 이미지를 겹치는 방식으로 적용된다. 이것이 가상현실과 증강현실을 구분하는 가장 큰 차이점이라고 할 수 있다. 말 그대로 현실 환경을 기반으로 가상의 정보를 증강하여 기존의 환경에 자연스럽게 융화시키는 것이다. 즉, 현실세계의 장점과 가상세계의 장점을 더한 시너지 효과가 가능하다는 것이다. 그렇다면 가상현실과 증강현실을 우리가 경험할 때 큰 차이를 느낄 수 있을까?

예를 들어 우리가 동물원을 가상/증강현실을 통해 경험한다고 가정해 보자. 가상현실의 경우 사용자는 3차원 공간의 완벽한 가상 동물원을 체험하게 된다. 가상의 초원이 널리 펼쳐져 있고 그 옆에는 사자와 기린이 생동감 있게 지나다닌다. 때로는 사용자가 하늘을 날거나 바다를 헤엄치는 등 현실에서 불가능한 일들도 가능하다. 증강현실의 경우 동물원은 어떤 모습일까? 증강 동물원에서는 현실의 환경을 사용한다는 것에 큰 차이가 있다. 사용자가 실제의 공원 잔디밭을 거닐다보면 가상의 토끼가 옆으로 지나다니는 걸 발견할 수 있다. 때로는 학교 건물 틈 사이로 가상의 고양이가 숨어 있는 것을 목격할 수도 있다. 이렇게 가상현실과 증강현실은 다른 방식으로 사용자에게 경험을 선사한다.

한때 선풍적인 인기를 끌었던 포켓몬 Go 모바일 게임도 증강현실을 적용한 대표적인 사례라고 볼 수 있다.[107] 예를 들어 핸드폰 카메라로 특정 위치를 보고 있으면 그 위에 포켓몬이 순간 나타나게 되고 사용자는 포켓몬을 잡으려는 등의 플레이를 하게 된다. 그렇다면 우리는 어떻게 이러한 가상/증강현실의 공간을 실제처럼 느끼게 되는 것일까?

[그림 7-2] 포켓몬 Go 모바일 게임 (출처: Pixabay)

◆ 우리는 보는 것을 믿는다?

현재까지의 가상/증강현실은 대부분 시각장치에 의존한다고 할 수 있다. 그렇다면 왜 주로 시각장치를 사용하는 것일까? 인간의 뇌는 눈으로 보게 되는 정보를 쉽게 믿게 되는 경향이 있기 때문이다. 예를 들면 신기루 현상과 같이 사막에서 오아시스가 눈 앞에 있는 듯이 보이게 되면 이를 착각하여 계속 쫓아가게 되는 것이다. 현대의 기술로 이러한 신기루를 재현해내면 어떨까? 고해상도의 디스플레이와 3차원 공간 정보를 실제처럼 구현해서 인간의 눈을 잘 속일 수가 있다면 인간의 뇌 또한 교란시킬 수 있다는 것이다. 실제 인간이 느끼는 감각 정보의 70% 이상이 시각정보와 관련되며, 이러한 정보는 눈을 통해 시신경을 타고 들어가 뇌로 전달되게 된다.

<hr />

107 2016년 7월에 출시되어 선풍적인 인기를 끌었다. 누적 매출액은 약 3조 5천억 원에 달한다고 한다(2019년 10월 기준).

132

이렇게 눈과 뇌를 완벽히 속이기 위해서는 많은 노력이 필요하다. 고해상도의 디스플레이 구현은 물론이고 인간의 시선이 움직일 때 사물도 빠르게 같이 변화해야 한다. 조금이라도 어색한 시간차 현상lag이 생기게 되면 인간의 뇌는 금방 이것을 가짜인 것으로 알아채고 심지어 멀미와 같은 거부 반응을 일으킬 수도 있는 것이다. 이제는 시각을 넘어 청각, 촉각, 후각 등으로 기술의 범위를 넓혀가고 있다. 더 많은 감각정보가 실제처럼 받아들여질 경우 우리의 뇌는 더욱 현혹당할 수 있는 것이다. 이러한 상태를 우리는 가상/증강 세계의 몰입감이라고 한다. 그렇다면 이러한 가상/증강현실은 우리 사회에 어떠한 이점들이 있는 것일까?

◆ 가상/증강현실은 어떠한 이점이 있는 것일까?

가상/증강현실을 통해 우리는 비교적 적은 비용으로 다양한 사회적 경험을 누릴 수 있다는 장점이 있다. 예를 들어 우주를 체험하고 싶다고 가정해 보자. 우주를 실제로 체험하는 데는 어마어마한 비용이 들어가고[108] 우주인으로 선발되기 위해서는 1천~2천 대 1의 경쟁률을 뚫어야 한다. 하지만 가상/증강현실을 활용하면 많은 사람들이 저렴한 비용으로 우주를 경험해 볼 수 있는 기회가 생기게 되는 것이다. 즉, 현대사회에서 가상/증강현실은 다양한 경험을 사람들에게 제공해 줄 수 있는 가성비 좋은 촉매제인 동시에 산업생태계에 없어서는 안 될 필수재라고도 할 수 있는 것이다.

이러한 이유로 수많은 글로벌 IT기업들이 가상/증강현실의 여러 영역(하드웨어, 소프트웨어, 콘텐츠, 플랫폼)에 많은 투자를 하고 있다. 예를 들면 구글의 경우 '매직리프'[109]를 약 5,720억 원에 인수하였으며, 삼성의 경우 '오큘러스 VR'[110]과 기술 협업을 시작하였다. 이렇게 글로벌 기업들의 활발한 투자를 비추어 가상/증강현실의 효용성 및 잠재적 가치를 짐작해 볼 수 있다. 그렇다면 현재 시장에서는 어떠한 가상/증강현실 장비들이 판매되고 있는 것일까?

• • • • •
108 민간 우주개발업체 스페이스X에서 내놓은 우주행 티켓의 가격은 656억 원이라고 한다(2020년 기준).
109 증강현실 장비를 개발하는 미국의 대표적인 스타트업 기업이다.
110 미국의 대표적인 가상현실 기업으로 2014년에 페이스북에 약 2조 5천억 원에 인수되었다.

[그림 7-3] 가상현실을 통한 우주 체험 (출처: 게티이미지뱅크)

◆ 가상현실의 몰입감을 도와주는 장비는?

우선 가상현실을 구현하는 장비들부터 살펴보도록 하자. 오큘러스 리프트 Oculus Rift는 오큘러스 VR회사[111]에서 개발한 가상현실 헤드 마운트 디스플레이 HMD로 현재까지 시장에서 가장 인기있는 제품 중 하나이다.[112] 현재는 무선 헤드셋 기기부터 저가용 모델까지 다양한 옵션의 제품들을 선보이고 있다. 그렇다면 렌즈를 통해 가상현실을 보는 것 이외에 어떻게 환경들과 자연스럽게 체화embodiment될 수 있을까?

예를 들어 우리가 가상의 도시를 걸어 다닌다고 가정해 보자. 우리가 실제 도시에 있는 것처럼 느끼기 위해서는 사용자가 걸어 다니는 패턴에 따라 자연스럽게 주변의 건물들도 변화해야 할 것이다. 만약 사용자의 움직임과 환경 간의 불일치가 생기게 되면 사용자는 가상환경에 대한 몰입감을 느끼기 어려울 뿐더러 사이버 멀미와 같은 부작용이 생길 수도 있다.[113] 이러한 점을 보완하기 위해 트래킹 장치가 헤드셋에 내장되어 있고 외부에서는 트래킹 센서가 이러한 위치정보를 추적하게

⁎⁎⁎⁎⁎
111 이 회사의 창업자 팔머 럭키(Palmer Luckey)는 게임광이었으며 20세에 본 회사를 창업한 것으로 유명하다.

112 2012년과 2015년에 개발자 키트(DK1, DK2)가 먼저 출시되었고, 그 후 소비자용이 시판되었다.

113 사이버 멀미는 눈의 피로, 방향감 상실, 메스꺼움과 같은 증상들을 보이게 된다.

되는 것이다. 그렇다면 사용자의 움직임을 인식하는 것에서 더 나아가 사용자는 어떻게 가상환경에 능동적으로 상호작용할 수 있을까?

다시 가상의 도시 예로 돌아가 보자. 사용자가 어떤 건물의 문을 열고 들어가거나 엘리베이터 버튼을 누르는 등의 행동을 하였을 때 이러한 조작과 반응이 자연스럽게 이루어져야 현실감을 더해 줄 수 있을 것이다. 이때 사용자는 컨트롤러를 사용하게 되는 것이다. 오큘러스 터치라는 컨트롤러는 기존의 비디오 콘솔 게임의 컨트롤러를 더욱 인체공학적이고 직관적으로 만든 형태라고 볼 수 있다. 이러한 컨트롤러에는 터치 센서가 내장되어 있어 세세한 조작을 가능하게 하고 헤드셋과 같이 트래킹 장치가 내장되어 있어 가상 환경과 자연스러운 상호작용이 가능하다. 그렇다면 이러한 헤드셋 제품에 견줄만한 다른 제품들이 존재할까?

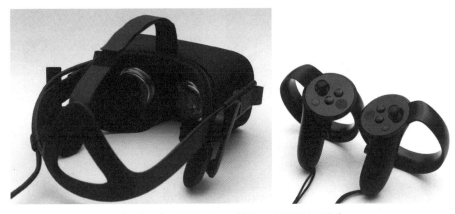

[그림 7-4] 오큘러스 리프트 (출처: 크리에이티브 커먼즈)

오큘러스 리프트의 강력한 라이벌인 HTC Vive 제품을 빼놓을 수 없다. HTC Vive는 밸브 코퍼레이션[114]과 HTC[115]가 공동으로 개발한 가상현실 체감형 헤드셋 기기이다. 이 제품은 오큘러스와 같이 헤드셋, 컨트롤러, 트래킹 센서로 비슷한 하드웨어 구성을 보여 주고 있다. 이 제품은 오큘러스 이후 2016년에 출시된 후발 주자였지만 시장을 빠르게 장악하게 된다. 그러한 이유 중 하나는HTC Vive가 전용 컨트롤러와 공간 센서 등을 오큘러스보다 먼저 출시한 점에 있다. 이러한 테크놀로지는 사용자들에게 더 큰 몰입감을 제공할 수 있었고, 소비자들의 큰 호평을 받았

•••••
114 미국의 게임 개발 및 유통회사로 매출은 5조 원에 육박한다(2017년 기준).
115 대만의 스마트폰 및 가상현실 전문 개발 회사로 최근에는 가상현실 기기에 더욱 집중하고 있다.

다.[116]

하지만 HTC Vive역시 상대적인 단점들도 존재한다. HTC Vive는 오큘러스 리프트보다 비싼 가격과 컴퓨터의 고사양을 요구하고, 설치가 다소 어려우며 사용 전에 긴 셋업 시간이 필요하다. 이러한 가상현실 헤드셋 기기들은 고사양의 컴퓨터 가 같이 필요하고 이러한 비용을 다 합치게 되면 몇 백만 원이 훌쩍 넘어간다. 그렇다면 저가의 비용으로 가상현실을 체험할 수는 없을까?

[그림 7-5] HTC Vive (출처: 크리에이티브 커먼즈)

이러한 대체안으로 아주 저렴한 비용으로 가상현실을 체험할 수 있는 구글 카 드보드가 있다. 이는 어떠한 원리로 작동하는 것일까? 먼저 구글에서 지정한 도면 을 바탕으로 카드보드를 접게 되고 그 안에 렌즈를 부착하게 된다. 마지막으로 스 마트폰을 카드보드에 끼워 넣으면 간단한 가상현실 헤드셋이 만들어 지게 되는 것 이다. 구글은 카드보드 외에 가상현실 콘텐츠를 개발할 수 있는 소프트웨어를 같이 제공하고 있다. 그렇다면 앞서 언급한 고사양 헤드셋 기기들과 비교하였을 때 구글 카드보드는 어떠한 장단점이 있을까?

장점으로는 예상하였듯이 저렴한 가격에 있다. 구글 카드보드는 누구나 참여 해서 제작할 수 있으며 여러 회사들이 다양한 디자인의 카드보드를 1~2만 원 대에 출시하고 있다. 두 번째 장점은 매우 쉬운 사용법에 있다. 구글 카드보드는 사용자 가 가지고 있는 스마트폰을 디스플레이로 사용한다는 것이 큰 특징이며 이를 통해 최신 스마트폰의 높은 해상도 및 내장된 모션센서를 자연스럽게 활용할 수 있다.

하지만 단점들도 역시 존재한다. 치명적인 단점으로는 낮은 조작성에 있다.

......
116 그 후 오큘러스도 HTC Vive에 대응할 만한 컨트롤러를 발빠르게 출시하였다.

카드보드를 사용하면서 스마트폰의 터치스크린 조작이 불가능 해지기 때문에 오
로지 음성인식 및 모션센서에 의지하게 된다. 이로 인해 아직은 조작이 비직관적이
고 효율성이 낮다는 아쉬움이 있다. 또 다른 단점은 보유하고 있는 콘텐츠가 그리
많지 않다는 점이다. 스마트폰에서 구글 카드보드 전용으로 만들어진 애플리케이
션만이 사용 가능한데 그 수가 적고 질이 떨어지는 경우가 많다. 즉, 기계는 제공이
되지만 이를 활용할 만한 콘텐츠가 부족한 것인데, 이러한 기계와 콘텐츠 개발자
간의 줄다리기 싸움은 가상현실 생태계에서 오랫동안 지속되어 왔다. 기계의 개발
자 측면에서는 다양한 콘텐츠가 개발되길 원하지만, 콘텐츠 개발자 측면에서는 콘
텐츠가 효과적으로 사용될 수 있는 양질의 기계들이 먼저 개발되기를 원하는 것이
다. 구글 카드보드의 경우 현재로서는 유튜브와 같은 플랫폼을 통해서 360도 동영
상[117]을 체험하는 것이 가장 높은 활용방안일 듯하다. 지금까지 다양한 종류의 가상
현실 헤드셋 기기에 대해 살펴보았는데, 헤드셋 이외에 사용자의 몰입감을 증진시
켜주는 장비에는 또 어떠한 것이 있을까?

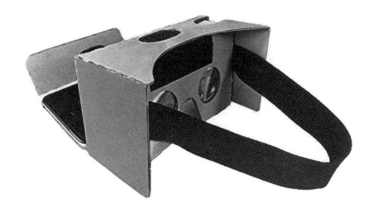

[그림 7-6] 구글 카드보드 (출처: Pixy.org)

앞서 언급된 오큘러스 리프트와 함께 연동되는 런닝머신 형태의 가상현실 기
기도 있다. 사용자가 가상현실을 체험하는 동안 자유롭게 움직이게 하는 것은 콘텐
츠 및 장비 개발에 있어 중요한 화두이다. 예를 들어 버툭스 옴니Virtuix Omni[118]라는

•••••
117 스티칭(stitching) 기술을 활용하여 여러 개의 영상을 자연스럽게 연결시키는 기술을 활용한다.

118 킥스타터(kickstarter)라는 크라우드 펀딩을 통해 본 제품을 개발하였는데 목표 금액보다 약 7배 가량 높은
투자금을 이끌어내 화제가 되었었다.

회사에서 개발한 장비는 사용자가 트레드밀 위에서 360도 전 방향으로 걷거나 달리게 할 수 있다. 이때 허리에 지지대와 전용 신발을 착용해 사용자의 안전성과 기능성도 확보하고 있다. 특히 이러한 기기는 기존의 헤드셋이 머리의 위치만을 추적했던 것에 반해 사용자의 전신 동작을 인식할 수 있다는 것이 큰 장점이며 사용자는 더 실감나는 가상공간을 체험할 수 있다. 이렇게 가상현실의 몰입감을 높여주는 다양한 장비들에 대해 살펴보았다. 그렇다면 증강현실에서 현실감을 더해주는 장비에는 어떠한 것들이 있을까?

[그림 7-7] 버툭스 옴니(Virtuix Omni) 런닝머신 (출처: 크리에이티브 커먼즈)

◆ **증강현실에 필요한 장비들은?**

증강현실의 장비를 살펴보면 대표적으로 마이크로소프트의 홀로렌즈를 떠올릴 수 있다. 홀로렌즈는 헤드셋 형태의 기기로 헤드셋 본체에 윈도우 PC 기능이 완전히 내장되어 있는 것이 특징이다. 즉, PC나 스마트폰 등 주변기기의 도움이 필요 없으며 독립된 휴대용 컴퓨터를 머리에 쓰고 다닌다고 생각하면 된다.[119] 홀로렌즈의 상호작용 방법은 크게 세 가지로 시선gaze, 몸짓gesture, 그리고 음성으로 이루

......
119 2016년에 개발자용 에디션이 출시되었으며 현재 2세대 모델까지 출시된 상태이다.

어져 있다. 사용자는 시선을 통하여 기존 컴퓨터에서 마우스가 수행해 왔던 일들을 대체할 수가 있다.

사용자의 눈이 센서에 인식되어 시선 처리만으로 자연스럽게 화면을 전환하거나 물체를 선택할 수 있는 것이다. 몸짓의 경우 홀로렌즈에서 지정한 손의 자세를 따라하면[120] 특별한 버튼을 누르지 않고도 환경과 자연스럽게 상호작용할 수 있다. 마지막으로 음성 명령을 통해 홀로그램을 선택하거나 마이크로소프트의 인공지능인 코르토나Cortona를 불러올 수도 있다. 그렇다면 이 홀로렌즈는 실제의 환경을 어떻게 인식하고 그에 걸맞는 홀로그램을 띄울 수 있는 것일까?

헤드셋 앞에 달려있는 적외선 센서를 통하여 주변의 공간을 인지하고 그것에 맞추어 홀로그램을 투영하게 되는 것이다. 예를 들면 집 안에 있는 쇼파 위에 가상의 홀로그램 고양이를 실제로 앉아 있듯이 올려 놓을 수 있는 것이다. 이렇게 고급 기능을 탑재한 홀로렌즈는 400만 원 이상의 고가의 제품으로 현재로서는 일반인보다는 연구용, 상업용에 더욱 초점이 맞추어진 상태이다. 그렇다면 이 홀로렌즈가 증강현실을 대표하는 최초의 제품이었을까?

[그림 7-8] 마이크로소프트 홀로렌즈

마이크로소프트 홀로렌즈가 출시되기 이전 우리의 관심을 먼저 끌었던 제품은 구글 글래스였을 것이다. 구글 글래스는 헤드셋 형태의 웨어러블 컴퓨터로서 2013년에 개발자 버전이 출시되었다. 앞선 언급한 마이크로소프트 홀로렌즈와 비슷한 형태의 기기라고 할 수 있는데 구글 글래스는 영상을 녹화하거나 사진을 찍을 수 있고 음성으로 명령을 수행할 수 있다. 이러한 착용형 증강현실 제품이 출시된 이유는 무엇이었을까?

바로 사용자의 편의성을 높이는 것에 있다. 예를 들어 마트에 가서 원하는 상

••••••
120 손가락을 클릭하는 자세를 취하면 마우스 클릭과 비슷한 기능을 할 수 있다.

품들의 추가적인 정보를 증강현실로 보고 싶다면 기존에는 스마트폰 어플리케이션을 활용해야만 하였다. 하지만 이렇게 일일이 제품에 스마트폰을 대는 것은 바쁜 현대인들에게는 번거롭고 귀찮은 일이 아닐 수 없다. 이러한 단점을 보완하기 위하여 자연스럽게 사용할 수 있는 착용형 스마트 글래스를 출시하였던 것이다. 이러한 혁신적 제품은 많은 화제를 불러일으켰지만 의외로 시장에서는 참담하게 실패하였다.

실패에 여러 이유가 거론되는데 일반인이 구매하기에는 다소 부담스러운 가격과[121] 일반인의 사생활을 침해할 수 있다는 것이 큰 원인 중 하나였다. 다른 사람의 동의 없이 사진과 동영상을 무단으로 찍을 수 있기 때문에 이로 인한 사생활 침해 문제로 논란이 될 수 있었던 것이다. 하지만 구글은 현재도 꾸준히 제품 개발을 진행하고 있고 기업이나 병원, 연구소 등 특정 직업을 대상으로 한 활용에 더욱 초점을 맞추고 있다.[122] 그렇다면 현재까지 출시된 이러한 가상/증강현실 기기들은 현대사회에 어떻게 실질적으로 활용되고 있는 것일까?

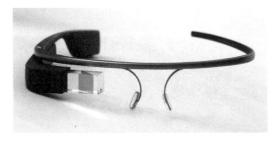

[그림 7-9] 구글 글래스

◆ 현실에서 가상/증강현실을 만나다

우선 가상현실의 비즈니스 적용 사례를 살펴보도록 하자. 가상현실이 불러일으키는 특유의 집중감, 몰입감으로 인해 게임, 영화와 같은 엔터테인먼트 분야에서 이미 각광을 받고 있다. 게임이라는 매체는 사용자가 즐거움을 느끼면서 자연스럽게 기기의 사용법을 익히게 하는 큰 장점이 있다. 특히 가상현실과 같은 새로운 기

121 2014년 출시된 구글 글래스의 가격은 약 150만 원에 달하였다.

122 구글 글래스 엔터프라이즈 에디션2가 2019년에 공개되었다.

기와 플랫폼은 사용자들이 초기에 거부감을 느낄 수 있는데 이를 게임이라는 매체를 통해 자연스럽게 습관화시키는 것이다. 예를 들어 '비트세이버'라는 게임은 가상현실 전용 게임 최초로 100만 장 판매를 돌파하였다. 이 게임은 음악 리듬에 맞춰서 블럭을 잘라내고 장애물을 피하는 게임인데 화려한 연출로 사용자의 큰 호평을 받은 바 있다.

[그림 7-10] 가상현실 게임 비트세이버 (출처: SSVAR)

사회과학이나 심리학 분야에서 가상현실은 실험 환경 및 상호작용을 세팅할 수 있는 가성비 좋은 실험 기기가 될 수 있다. 그 외에도 가상현실은 불안 증세를 완화시켜주는 테라피로도 활용될 수 있다. 예를 들어 전쟁 후 외상 후 스트레스 증후군PTSD[123]을 겪는 군인들을 치료하기 위하여 가상의 전투 장면을 단계적으로 재현하는데 이때 의사의 카운셀링을 접목시키면서 증상을 완화시킬 수 있다. 가상현실은 재활 분야에서 알츠하이머 병[124]에 걸린 고령자들을 진단하는 데도 사용된다. 예를 들면 가상의 공간에서 환자에게 길을 찾게 하면서 치매 발병 위험이 높은 잠재적 환자를 발견해 내는 것이다. 의료 수술 분야에서도 가상현실은 저렴하고 효과적인 수술 트레이닝의 방법으로 사용되고 있다. 직접 수술실에 들어가지 않아도 다양한 수술 부위 및 수술 과정을 경험해 볼 수 있기 때문에 교육적인 장점이 있다.

123 신체적인 손상 또는 생명의 위협을 받는 큰 정신적 충격을 겪은 후 일어나게 되는 불안 장애이다.
124 치매의 가장 흔한 형태의 뇌 질병으로 기억력, 사고력, 행동의 감퇴를 야기한다.

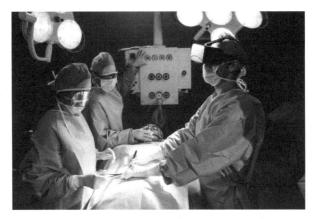

[그림 7-11] 가상현실 수술 훈련 (출처: 게티이미지뱅크)

　　가상현실은 일반 교육 분야에서도 활용될 수 있다. 기존 교육 자료를 가상현실을 활용해 시청각 자극을 통한 교육효과를 증진시킬 수 있고 역사에서만 존재하는 과거의 세상도 가상으로 더욱 뚜렷하게 경험해 볼 수 있다. 관광 산업에도 가상현실은 적용될 수 있다. 고객이 가보지 않은 여행지를 가상으로 체험하게 하여 보다 직관적인 여행지 선택을 가능하게 하고, 여행지의 배경지식도 자연스럽게 습득할 수 있다.

[그림 7-12] 가상 여행지 체험 (출처: 게티이미지뱅크)

　　가상현실을 통하여 예술적 표현 또한 할 수 있는 세상이 도래하였다. 예를 들어 틸트 브러시Tilt Brush라는 가상현실 전용 앱을 사용하면 3차원의 가상공간에서 자유 자재로 이동하며 그림을 그릴 수 있다. 이러한 공간의 제약이 없는 이점을 통해 창의적인 작품들을 그려낼 수 있으며 관객들은 가상의 공간에 직접 들어가서 작품

을 입체감 있게 감상할 수도 있다. 그렇다면 증강현실의 경우 어떠한 비즈니스 적
용사례들이 존재하는 것일까?

[그림 7-13] 가상현실 틸트 브러시 (출처: flickr)

증강현실 역시 큰 상업적 잠재력을 가지고 있고 이미 많은 분야에서 활발히 적
용되고 있다. 예를 들어 구글에서는 증강현실 네비게이션 기능을 구글 맵에 적용하
여 거리에서 길을 헤맬 때 카메라 뷰에 화살과 방향 표시를 보이게 하여 사용자가
쉽고 빠르게 길을 찾을 수 있도록 도와주고 있다. 증강현실은 전자상거래에도 이미
각광받으며 빠른 속도로 발전하고 있다. 예를 들어 매장에서 판매되는 가구를 휴대
폰 카메라를 통해 집안 곳곳에 가상으로 배치할 수 있어 보다 합리적인 의사결정을
할 수 있다. 이미 이케아kea 및 많은 국내외 가구, 실내 인테리어 기업들이 이 서비
스를 제공하기 시작했다. 인터넷 쇼핑몰에서 판매되는 옷들도 실제 소비자의 모습
에 가상으로 착용해 볼 수 있어 보다 합리적인 쇼핑을 돕고 있다.

[그림 7-14] 가상으로 가구를 실내에 배치 (출처: 게티이미지뱅크)

스포츠 산업에서도 증강현실을 도입하기 시작했다. 예를 들어 당구대회를 중계하는 경우 선수가 공을 치려고 준비하는 순간 당구대 위로 예상 궤적이 그려지게 된다. 이는 시청자들의 이해를 도울 뿐더러 엔터테인먼트쪽 요소도 더욱 강화할 수 있다. 최근에는 실내 클라이밍 벽에 증강현실을 접목시켜 클라이밍과 동시에 게임을 즐기는 문화도 생겨나고 있다. 그 외에도 증강현실은 해부학 등 교육 분야에도 활발히 적용되고 있으며 앞으로도 무궁무진한 발전이 기대된다.

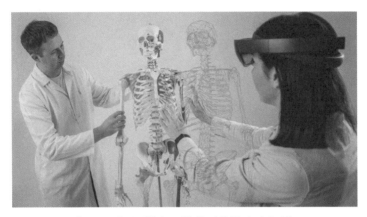

[그림 7-15] 증강현실로 진행하는 수업 (출처: 셔터스톡)

◆ **가상/증강현실의 해결해야 할 문제들**

가상현실과 증강현실은 많은 장점과 잠재력이 있지만 새로운 테크놀로지의 도입으로 인해 우려되는 부작용들도 같이 존재한다. 먼저 가상현실의 경우 건강과 안전에 대한 우려가 있다. 가상현실에 몰입해 있다가 실제 장애물에 걸려 넘어지거나 물체에 충격을 받을 수도 있고, 장시간 사용하는 경우에는 목이나 어깨 혹은 허리에 불편함을 느낄 수도 있다. 가상현실 사용으로 발작 증상이나 기절을 하는 사용자들도 있다.[125] 또한 가상현실 헤드셋을 오래 사용하는 경우 눈에 피로감을 줄 수 있다. 연구결과에 따르면 사람이 스크린을 보고 있을 때 그렇지 않은 경우보다 눈을 덜 깜빡이게 되고 눈이 더 건조해지는 경향이 있다고 한다. 가상현실 사이버 멀

······
125 이러한 증상은 20세 미만의 사용자에게 더 흔하게 나타나는 것으로 알려져 있어서 아이들이 장시간 가상현실을 사용하는 것을 경고하고 있다.

미라고 불리는 증상도 있다. 우리가 배나 차에 탑승하였을 때 경험하는 멀미 증상과 비슷한 것으로 두통, 복통, 메스꺼움, 구토, 피로, 졸려움, 어지러움 등을 유발할 수 있다. 그렇다면 증상현실의 경우 어떠한 우려점들이 존재할까?

증강현실의 경우 실제 환경에서의 위험을 초래할 수가 있다. 최근에 미국 퍼듀 대학에서 발표한 논문에 의하면 포켓몬 Go 게임의 운전 중 사용으로 인해 상당수의 차량 사고, 부상자, 사망자가 발생하였다고 한다.[126] 즉, 증강현실의 몰입으로 인하여 사용자는 주변 환경의 위험들에 대하여 더 무감각해질 수가 있는 것이다. 그 외 사생활 침해도 무시할 수 없는 부분이다. 증강현실 기기의 얼굴 인식을 통해 상대방의 개인정보가 사용자에게 쉽게 노출될 수 있다. 이러한 정보는 소셜 미디어, 그 외 다른 매체들과 연동되어 그 사람의 의사와 상관없이 상대방에게 노출될 수가 있는 것이다.[127] 이러한 사생활 침해에 대한 법적, 윤리적 조치가 마련되고 있는 실정이다.

[그림 7-16] 운전 중 포켓몬 Go 사용

•••••
126 Faccio, Mara, and John J. McConnell. "Death by Pokémon GO: The economic and human cost of using apps while driving." Journal of Risk and Insurance 87.3 (2020): 815-849.

127 이러한 위험은 구글 글래스를 통해 앞서 언급된 바 있다.

◆ 가상/증강현실, 앞으로 나아갈 방향은?

그렇다면 앞으로 이러한 가상/증강현실의 산업이 더욱 활성화 되려면 어떠한 노력이 필요할까? 최근에는 가상현실과 증강현실의 장점을 취합한 혼합현실MR: Mixed Reality 혹은 확장현실XR: Extended Reality의 새로운 개념이 생겨났다. 예를 들면 영화 '킹스맨: 골든 서클'에서 비밀 요원들이 특수 안경을 착용하고 런던의 한 사무실에 가상으로 함께 모여 회의를 진행하는 장면이 있다. 이 장면에서 입체감 있는 3차원 그래픽의 구현으로 인해 요원들은 마치 다른 요원들이 옆에 있는 것처럼 자연스럽게 느끼고 상호작용을 한다. 이러한 가상현실이 실제로 가능할까? 이를 위해서는 현실적으로 대용량 데이터 처리 등과 같은 기술적인 제약들이 아직은 존재한다. 이에 더 나아가 최근에는 사용자의 시청각적 정보뿐 아니라 냄새 및 촉각 정보까지 도입해 사용자의 오감을 더욱 자극하고 몰입감을 강화시키려는 시도들이 이루어지고 있다. 스파이더맨 파프롬홈이 선보인 드론을 활용한 홀로그램처럼 가까운 미래에는 현실과 가상의 세계가 너무 자연스럽게 녹아 들어 이들을 분간할 수 없을 지도 모르고 그에 따른 새로운 윤리 및 규제들이 생겨날 것이다.

가상현실과 증강현실의 시장이 이제부터 본격적으로 성장할 것이라고 많은 전문가들은 예측하고 있다. 가상현실의 경우 현재는 기계 자체를 중심으로 발전이 이루어지고 있지만 앞으로는 더 나아가 콘텐츠를 제공하는 플랫폼의 역할이 더 강조될 것으로 예상되고 있다. 특히 글로벌기업부터 스타트업까지 많은 기업들이 가상현실을 적용하고, 이에 따른 제품들을 상용화하고 있어서 앞으로도 급속한 성장이 예상된다. 현재는 게임과 엔터테인먼트 콘텐츠 중심의 비즈니스가 주를 이루고 있지만 앞으로는 의료, 쇼핑, 광고 등 다양한 분야로 확대될 것으로 보인다. 이제는 기존 가상현실의 하드웨어 개발에서 소프트웨어 콘텐츠 중심으로 기술 개발이 변화하고 있으며, 응용소프트웨어 기술에 경쟁성을 갖는 것이 향후 중요한 요소 일 것으로 예측된다. 그렇다면 증강현실의 전망은 어떠할까?

증강현실의 경우 가상현실과 마찬가지로 급속도로 성장하고 있다. 현재까지는 기술적인 한계에 의해서 증강현실 헤드셋이 자연스러운 착용형 안경이라기 보다는 조금 투박한 고글 모양에 가깝다고 할 수 있다. 앞으로는 기술 발전에 의해 더욱 작은 형태의 디바이스가 출시될 것으로 보인다. 예를 들어 미국의 스타트업 Mojo Vision은 내장형 스마트 콘택트렌즈를 공개한 바 있다. 이 렌즈를 통하여 실제환경에 가상의 정보를 융합해 볼 수 있다.

일각에서는 증강현실의 시장이 가상현실보다 몇 배로 커질 수도 있다는 전망도 나오고 있다. 그렇다면 이유는 무엇일까? 증강현실은 가상현실과 다르게 모든 환경을 제작하지 않아도 된다는 콘텐츠 개발의 효율성에서 강점이 있다. 즉, 기존 현실 배경과 홀로그램을 어떻게 결합하느냐에 따라 활용될 수 있는 영역이 무궁무진한 것이다. 증강현실은 특히 전자상거래나 광고 산업 등과 같은 분야에서 크게 성장할 것으로 예측되고 있다. 이러한 모습은 초기 스마트폰의 비즈니스 성장세와 유사한 특징을 보인다. 초기의 스마트폰 기기와 서비스는 큰 매력을 불러일으키지 못했지만 이를 플랫폼으로 활용한 다양한 시도가 이루어지면서 시장의 가속도가 붙어 폭발적으로 성장하였다. 이러한 트렌드를 가상/증강현실이 따라갈 수도 있을 것으로 보인다.

◆ **현실과 가상의 구분이 없어진다면?**

테슬라의 창업자 엘론 머스크는 "미래 인류가 가상세계가 아닌 진짜 현실에서 살 확률은 10억분의 1에 불과하다."라는 말을 한 바 있다. 영화 '매트릭스'처럼 헤드셋을 착용하지 않더라도 몸의 입력단자에 접속하여 인간의 모든 신경계통과 뇌를 착각에 빠지게 하는 시대가 도래할 지도 모른다. 무어의 법칙[128]에 빗댄 기술의 기하급수적 성장을 지켜보았을 때 이러한 일들이 불가능한 일이 아닐 수도 있는 것이다. 이렇게 현실과 가상의 세계가 불명확해지는 세계에 놓이게 되면 인류는 어떻게 될까? 이것이 인류에게 독이 될 것인가 한 차원 나은 세계로 진보하는 계기가 될 것인가에 대해서는 아직은 명확한 해답을 내리기 어렵다. 가상/증강현실의 본질은 상상을 현실로 때로는 현실을 상상으로 바꾸는 기술이다. 먼 미래에 이러한 기술이 정점에 다다랐을 때 우리가 맞이할 세상은 어떤 모습일지 기대된다.

• • • • •
128 1956년 고든 무어(Gordon Moore)에 의한 이론으로 마이크로칩의 데이터 저장량이 매 18개월마다 2배씩 기하급수적으로 증가한다는 법칙이다. 이러한 가속의 법칙은 50년이란 시간동안 진실로 입증되었다.

|저|자|소|개|

윤영진

　_ 고려대학교 컴퓨터교육과 졸업, Washington University in St. Louis, MBA 경영학 석사
　_ 前 딜로이트 안진회계법인
　_ 前 Deloitte Chicago Office, Senior Consultant
　_ 現 Pitney Bowes, IT Assurance Team Leader

표동진

　_ 고려대학교 경제학과 학/석사 졸업, Iowa State University 경제학 박사
　_ 前 우리은행
　_ 前 금융감독원
　_ 現 창원대학교 경제학과 교수

황재진

　_ 아주대학교 산업공학과 학/석사 졸업, Ohio State University 산업공학 박사
　_ 現 국제인간공학 및 안전학회 집행위원
　_ 現 Northern Illinois University 산업공학과 교수

쉽게 배우는 4차 산업혁명 시대의 최신 기술 트렌드

초판발행	2021년 2월 5일
저　자	윤영진 · 표동진 · 황재진
펴낸이	안종만 · 안상준
편　집	정은희
기획/마케팅	정성혁
표지디자인	이미연
제　작	고철민 · 조영환
펴낸곳	(주) **박영사**
	서울특별시 금천구 가산디지털2로 53, 210호(가산동, 한라시그마밸리)
	등록 1959.3.11. 제300−1959−1호(倫)
전　화	02) 733−6771
fax	02) 736−4818
e−mail	pys@pybook.co.kr
homepage	www.pybook.co.kr
ISBN	979−11−303−1160−9 93320

copyright©윤영진 · 표동진 · 황재진, 2021, Printed in Korea

정　가　　　13,000원